KANT

COLEÇÃO
FIGURAS DO SABER

dirigida por
Richard Zrehen

Títulos publicados

1. *Kierkegaard*, de Charles Le Blanc
2. *Nietzsche*, de Richard Beardsworth
3. *Deleuze*, de Alberto Gualandi
4. *Maimônides*, de Gérard Haddad
5. *Espinosa*, de André Scala
6. *Foucault*, de Pierre Billouet
7. *Darwin*, de Charles Lenay
8. *Kant*, de Denis Thouard
9. *Wittgenstein*, de François Schmitz

KANT
DENIS THOUARD

Tradução
Tessa Moura Lacerda

Estação Liberdade

FIGURAS DO SABER

Título original francês: *Kant*
© Societé d'Édition Les Belles Lettres, 2001
© Editora Estação Liberdade, 2004, para esta tradução

Preparação de originais e revisões Tulio Kawata
Projeto gráfico Edilberto Fernando Verza
Composição Nobuca Rachi
Capa Natanael Longo de Oliveira
Assistência editorial Flávia Moino
Editor responsável Angel Bojadsen

CIP-BRASIL – CATALOGAÇÃO NA FONTE
Sindicato Nacional dos Editores de Livros, RJ

T417k

Thouard, Denis, 1965-
Kant / Denis Thouard ; tradução Tessa Moura Lacerda.
– São Paulo : Estação Liberdade, 2004. –
(Figuras do saber ; 8)

Tradução de: Kant
Apêndice
Inclui bibliografia
ISBN 85-7448-086-X

1. Kant, Immanuel, 1724-1804. 2. Metafísica.
3. Estética. 4. Filosofia alemã.
I. Título. II. Série.

04-0711. CDD 193
CDU 1(43)

Todos os direitos reservados à
Editora Estação Liberdade Ltda.
Rua Dona Elisa, 116   01155-030   São Paulo-SP
Tel.: (11) 3661-2881   Fax: (11) 3825-4239
editora@estacaoliberdade.com.br
http://www.estacaoliberdade.com.br

KANT

A experiência só é
verdade
dizia
aquele que jamais viu
nem o menor dos oceanos
nem um rio importante
para nada dizer dos Alpes

Kant

entre outras coisas professor de
geografia física

(um inglês o tomou
depois das lições sobre Londres
pelo construtor
da ponte do Tâmisa)

todavia o céu, que ele
colocou de lado, ele o
viu por toda a sua vida

Werner Dürrson, *Rückfragen*, 1985

Sumário

Cronologia 11

Introdução: O filósofo dos filósofos 15

Nota biográfica 23

1. A crítica 25
   1. O século da crítica 25
   2. Orientar-se no pensamento 30
   3. A razão como senso comum 35
   4. O gesto crítico 37
   5. Uma revolução na maneira de pensar 44
   6. A formulação do problema do conhecimento 46
   7. Pensar, julgar 52
   8. Elementos de construção I: o espaço e o tempo 55
   9. Elementos de construção II: as categorias 62
   10. Modo de uso I: as sínteses 67
   11. Modo de uso II: o esquematismo 72
   12. Sentido e significação 75
   13. O entendimento da natureza 78
   14. Duas interpretações 82
   15. Os fenômenos e as coisas 88
   16. Lógica da desconstrução: Dialética 89
   17. O método como reflexão 97

2. O sujeito 103
1. As quatro questões da filosofia 105
2. A invenção da subjetividade: Descartes, Locke
   e Kant 108
3. Mas para onde foi o sujeito? 114
4. O sujeito sob o sujeito: o sujeito prático 118
5. O sujeito perante a lei 120
6. A universalidade da lei 124
7. O respeito: um sentimento paradoxal 127
8. A relação com o outro 129
9. Os limites da autonomia 131
10. A cultura da autonomia 133
11. O sentimento do sujeito I: entre dois mundos 138
12. O sentimento do sujeito II: da subjetividade 140
13. Sentimento e reflexão 145

Conclusão: Um pensamento crítico 151
1. O retorno a si 152
2. Filosofia e antropologia 154
3. Uma arte de julgar 159

Apêndice: A memória kantiana na
   filosofia francesa (1945-2000) 165

Indicações bibliográficas 171

Cronologia

1704   Morte de Locke.
1711   Nascimento de Hume.
1716   Morte de Leibniz.
1724   Nascimento de Kant em Königsberg, na Prússia oriental.
1732-40   Estudos no *Collegium Fredericianum*, de inspiração pietista.
1739   A. Baumgarten, *Metafísica*; Hume, *Tratado da natureza humana*.
1740   Início do reinado de Frederico II na Prússia, modelo do déspota "esclarecido".
1747   *Pensamentos sobre a verdadeira avaliação das forças vivas.*[1]

---

1. As obras de Kant são citadas com a paginação da edição de referência, chamada de edição "da Academia de Berlim" (o volume em número romano, a página em arábico), mas nas traduções correntes francesas, sobretudo na tradução da Pléiade, que retoma na margem a paginação como a maioria das edições recentes. A *Crítica da razão pura* é uma exceção; como ela teve duas edições, cita-se de acordo com a paginação delas: A, seguido da página, para a primeira edição (1781), e B, seguido da página, para a segunda (1787), e as duas letras para todas as passagens idênticas nas duas edições. [Na edição brasileira, da coleção Os pensadores, o único texto que reproduz a paginação da edição original é a *Crítica da razão pura*, que apresenta a versão de 1787. Assim, utilizaremos essa

1748   Montesquieu, *O espírito das leis*.
1750   A. Baumgarten, *Estética*.
1751   Publicação do primeiro volume da *Enciclopédia*, de Diderot e d'Alembert.
1755   *História geral da natureza e teoria do céu*. Rousseau, *Discurso sobre a origem e o fundamento da desigualdade entre os homens*. Morte de Montesquieu.
1756   *Monadologia física*.
1758   Hume, *Investigação sobre o entendimento humano*.
1759   Voltaire, *Cândido*.
1761   Rousseau, *A nova Heloísa*.
1762   Rousseau, *Emílio* e *Do contrato social*. Nascimento de Fichte.
1763-70 Guerra dos Sete Anos entre a Prússia, a Áustria e a Rússia.
1764   *Observações sobre o sentimento do belo e do sublime*.
1765   Publicação dos *Novos ensaios sobre o entendimento humano* de Leibniz.
1766   *Sonhos de um visionário interpretados mediante sonhos da metafísica*.
1770   *Dissertação sobre a forma e os princípios do mundo sensível e do mundo inteligível*. Nascimento de Hegel.
1774   Herder, *Uma outra história da filosofia*.
1776   Declaração de independência dos Estados Unidos da América. Morte de Hume.

tradução, com pequenas modificações para adequação ao texto, nas citações da edição de 1787 da *Crítica* e confrontaremos com o texto em alemão as citações da edição de 1781 da *Crítica*. (N. T.)]

1778	Morte de Voltaire e de Rousseau.
1779	Lessing, *Nathan, o sábio*.
1781	*Crítica da razão pura*.
1783	*Prolegômenos a qualquer metafísica futura que possa vir a ser considerada como ciência*. Morte de d'Alembert.
1784	*Idéia de uma história universal de um ponto de vista cosmopolita. Resposta à pergunta: Que é Esclarecimento?* Morte de Diderot.
1785	*Fundamentação da metafísica dos costumes*.
1786	Morte de Frederico II. *Que significa orientar-se no pensamento?* e *Primeiros princípios metafísicos da ciência da natureza*.
1787	*Crítica da razão pura*, segunda edição. Frederico Guilherme II torna-se rei da Prússia.
1788	*Crítica da razão prática*. Censura na Prússia (edito de Woellner).
1789	Início da Revolução Francesa. Declaração dos direitos do homem e do cidadão. Reinhold, *Esboço de uma teoria do poder de representação do homem*.
1790	*Crítica do juízo*. Salomon Maïmon, *Ensaio sobre a filosofia transcendental*. Reinhold, *Cartas sobre a filosofia kantiana*.
1791	Constituição francesa.
1792	Valmy.
1793	*A religião nos limites da simples razão* e *Sobre a expressão corrente: isso pode ser justo em teoria, mas na prática não vale nada*. Na França, o Terror. Execução de Luís XVI. Constituição do Ano I. Fichte, *Considerações sobre a Revolução Francesa*.
1794	*O fim de todas as coisas*. Termidor. Fichte, *A doutrina-da-ciência*.

1795 *À paz perpétua*. Paz da Basiléia entre a Prússia e a França. Constituição do Ano III. Schiller, *Cartas sobre a educação estética do homem*.
1796 *Doutrina do direito* (Primeira parte da *Metafísica dos costumes*). Fichte, *Fundamentos do direito natural*. Goethe, *Wilhelm Meister*.
1797 *Doutrina da virtude* (Segunda parte da *Metafísica dos costumes*).
1798 *O conflito das faculdades* e *Antropologia de um ponto de vista pragmático*. Início do romantismo alemão com a revista *Athenæum* dos irmãos Schlegel.
1799 Bonaparte torna-se primeiro-cônsul. Schelling, *Idéias para uma filosofia da natureza*.
1800 *Lógica*. Schelling, *Sistema do idealismo transcendental*.
1802 *Geografia*.
1803 *Pedagogia*.
1804 Morte de Kant em 12 de fevereiro. Napoleão torna-se imperador.
1805 Morte de Schiller.
1807 Hegel, *Fenomenologia do espírito*.

Introdução
O filósofo dos filósofos

Talvez ele pareça demasiadamente de seu tempo; difícil de ler; moralista; ingênuo, é um homem das Luzes; ao mesmo tempo excessivamente prudente, não foi um revolucionário fervoroso, ou não o bastante para nosso gosto; maníaco; evidentemente pedante; na verdade bastante provinciano: jamais deixou sua cidade; pergunta-se sobre o início de sua senilidade, alguns localizam-no bem cedo; seu juízo sintético *a priori* é uma mistificação; seu imperativo categórico é enfático; ele finge expulsar Deus pela porta, mas abre para Ele todas as janelas; é um filósofo de gabinete, jamais variou o percurso de seu passeio; sua tábua das categorias leva o ridículo longe demais, são compartimentos vazios; entregaria um fugitivo aos soldados em lugar de proferir a menor das mentiras, sabe-se aonde isso pode levar; fala de tudo sem saber; seu curso de geografia está cheio de preconceitos; é, finalmente, o responsável pelo delírio especulativo que tomou conta dos espíritos na Alemanha, onde logo se exaltou inconsideradamente o Absoluto, o Sujeito, Deus, a Liberdade; é um protestante maçante; obsequioso com as autoridades; amante da obediência; desconfia do corpo; quer disciplinar tudo; para ele, pensar é classificar; seu esquematismo é incompreensível, mas descreve bem a verdade espectral de sua filosofia; é solteiro; inventa jargões, rivaliza com os medievais no artifício da terminologia; seu estilo é grandioso e soporífero; sua concepção sobre o casamento e as mulheres não devia lhe dar orgulho; afirma grandes princípios igualitários, mas pensa que os europeus valem mais do que os outros; tem gostos aflitivos; é um filósofo cheio de preconceitos.

Eis o retrato adequado. Esquecemos de acrescentar: ele era filósofo, simplesmente filósofo. Recomecemos: Kant, essencialmente filósofo. A seu modo, com os meios de que dispunha, ele reinventou a filosofia. De fato, é o mínimo que se pode esperar de um filósofo. Isso é, sem dúvida, muito raro, mesmo em um século que fazia da razão e da "filosofia" seu ídolo. Mas o que se invoca com ênfase, às vezes é também o que mais falta.

Há duas maneiras de se compreender o que um "filósofo" pode ser: aquele que transmite e dá forma a pensamentos "filosóficos", e este é reconhecido pelo gênero de coisas que professa. Ele fala de liberdade ou do ser; raciocina, fundamenta, deduz; explica onde se encontra a moral e a virtude, em que consiste a verdade e o erro. Ou um filósofo pode ser aquele que se pergunta se o que pensamos tem sentido, por que é assim, aquele que revira as evidências em todos os seus lados, que nos desorganiza.

Kant é tudo isso ao mesmo tempo. Homem das Luzes, ele quer sem dúvida a razão e a liberdade, o universal, e isso comporta infalivelmente uma tradução política. Mas ele é também obscuro, técnico, escolástico. Não se encontra nele a simplicidade galhofeira de Voltaire, a imaginação crepitante e burlesca de Diderot, a profundidade límpida de Rousseau, que são, no entanto, "filósofos do século das Luzes", em suma, "Filósofos" no sentido da época. Com Kant não há lugar para se perguntar se ele é melhor escritor ou melhor filósofo. Os livros que contam – inútil esconder – são difíceis. A *Crítica da razão pura*, manifestamente, passa por uma miscelânea incompreensível à primeira leitura. Certamente é uma pena, mas isso tem, sem dúvida, suas razões, boas e más. Isso não impediu esse livro de ser um dos mais célebres de seu gênero, senão o mais célebre de todos. A dificuldade dos livros é um problema, mas não tem nada de essencial. Ela coloca o problema agudo da comunicação da filosofia, problema este que se tornou recorrente desde o advento do espírito democrático na época das "Luzes". Como dizer a filosofia? A aporia é sempre a mesma: quando se fala de maneira clara e compreensiva, perde-se a sutileza do conteúdo; quando se fala de maneira "técnica", contradiz-se sua universalidade, pois, de direito, ela é dirigida ao mundo todo. Kant pensa, claro, que a razão é comum a todos, que ela é "a coisa do mundo mais bem partilhada", como havia dito Descartes. Mas ele não imagina que se possa reproduzi-la diretamente na linguagem, nem a sugerir em contos e diálogos, romances ou peças de teatro. Por quê? Porque, antes de tudo, a razão é atividade. Ela reside no exercício do julgamento, e esse exercício só pode ser transmitido por uma prática; cada um deve aprender por si mesmo, apropriar-se disso.

Se Kant, para seu tempo, é a filosofia, é porque não construiu um saber, e ainda menos um conjunto de dogmas ou simplesmente de idéias a serem conhecidas, como a metáfora das "Luzes" leva naturalmente a pensar. Para ele, a filosofia é, antes de tudo, um questionamento, um retorno a si mesmo, o que supõe a força de se privar da sedução das coisas e das idéias em curso, sejam elas populares ou paradoxais. Perguntar-se sempre se pensamos corretamente o que pensamos, em todos os casos, quando filosofamos. É por isso que, conforme uma expressão bem conhecida de Kant, não se aprende "a filosofia", mas "a filosofar". Trata-se de um exercício do espírito e de uma certa ascese mais que da posse de um conteúdo. É uma conduta, uma prática.

Por seu cuidado em pesquisar e questionar, em revirar as evidências frágeis e em construir problemas, pode-se ver em Kant um autêntico discípulo de Sócrates, isto é, um filósofo no sentido mais tradicional. Mas se Kant é um Sócrates, não o é da maneira como o século XVIII se filia a "Sócrates".

Pois Sócrates foi bastante admirado e se quis, com ele, voltar às questões práticas, se desviar da especulação e da metafísica que haviam dominado a Idade Média, e também os modernos, de Descartes a Leibniz.[1] O século XVIII é Voltaire voltando da Inglaterra; é a paixão por Locke[2] e pela experiência; é a dúvida cética de Hume[3] contra as construções intelectuais cambaias (e, segundo ele, todas elas o são, mais ou menos); é o culto das ciências e das técnicas, das quais a *Enciclopédia* de Diderot e D'Alembert é o breviário; é, enfim, a questão do homem que Rousseau vai repetindo pelos caminhos. As gazetas se multiplicam, os resumos, as compilações; discute-se, a opinião se forma; na Alemanha protestante os sermões não se esquecem de, entre dois conselhos de piedade e moral, ensinar como ter seus lucros e negociar seu grão. Maneira de ser socrática, pensa-se, tendo em mente o retrato deixado por Cícero de um Sócrates cuja principal contribuição foi ter feito "a filosofia descer do céu para a terra". Havia, com efeito, "Físicos", os primeiros sábios da Grécia que explicavam o universo, como Tales[4],

---

1. G. W. Leibniz (1646-1716), filósofo, pensador universal, autor da *Monadologia* e dos *Ensaios de Teodicéia*. Seus *Novos ensaios* foram editados apenas em 1765.
2. J. Locke (1632-1704), filósofo inglês, um dos inspiradores do empirismo e do pensamento das Luzes, autor de um *Ensaio sobre o entendimento humano* (1699).
3. D. Hume (1711-1776), filósofo escocês que produziu uma inflexão no empirismo em um sentido cético, autor de um *Tratado da natureza humana* (1739).
4. Tales de Mileto (século VI a.C.), tradicionalmente considerado como o primeiro "filósofo" da Grécia antiga (um dos "pré-socráticos", sábios e

a partir da água, para os quais Sócrates lembrou a preocupação com as questões mais próximas e cotidianas, mas não menos dignas de interrogação.

Essa reorientação das questões rumo ao que está próximo, que em Sócrates é, primeiro, um percurso de reflexão ("como podes dizer que sabes isso? E pensaste que poderia ser de outra maneira? De onde vem teu saber? O que ele vale?"), foi entendida, durante as Luzes, geralmente como um encorajamento ao privilégio da prática e da técnica eficaz e ao retorno aos dados do senso comum. Acreditou-se que Sócrates indicava um novo domínio de pesquisa, voltado para o homem e para suas preocupações imediatas, em detrimento das questões abstratas da filosofia quando ela se faz metafísica e pretende sondar a profundidade das coisas ou da teologia, por tanto tempo sua irmã gêmea. A "filosofia popular" criou para si, pois, seu herói. O filósofo saía de seu gabinete para voltar à cidade, partilhando as preocupações ordinárias dos homens. Compreendia-se o que o filósofo dizia.

Todavia, se Kant é um Sócrates, ele o é à sua maneira. Não se trata, para ele, de abandonar um conjunto de questões por outro, como se se soubesse antecipadamente que umas são mais importantes que outras. Seria refazer o quadro de Rafael sobre *A Escola de Atenas*[5], representando a oposição mítica de duas grandes filosofias antigas: Platão, apontando o céu, Aristóteles, mostrando a terra. Sócrates recusa a alternativa. Vemo-lo descalço, apoiando-se nos degraus, não sem um certo desleixo; não reivindica nenhum reino da terra ou do céu, espera os dois filósofos que vão

---

conhecedores, entre os quais os mais conhecidos são Parmênides, Heráclito e Empédocles).

5. Sanzio Raffaello, chamado Rafael (1483-1520), pintor da Renascença italiana, deixou em seu *Escola de Atenas* (em Roma, no Museu do Vaticano) uma representação célebre das discussões filosóficas na Grécia antiga.

passar diante dele, certamente para colocar-lhes algumas questões maliciosas.

Dir-se-á que passar de Kant com sua peruca a Sócrates com suas sandálias é ilusório; que Kant era um professor de filosofia, de ciências, e até de geografia; regular, escrupuloso, circunspecto; que certamente não iria arrastar-se pelo porto de Königsberg para interrogar os estivadores ou os guardas alfandegários sobre a significação do comércio e das taxas; e dir-se-á que ele também, como os outros, tinha sua filosofia, que repetia a quem quisesse escutá-lo. Todavia, eu manteria a comparação: ele não pretendeu dizer nada de novo, nem oferecer sua filosofia como substituta das outras.

O conteúdo não é o essencial em filosofia: sempre se concordará sobre o que é um homem bom e um celerado, sobre o que é uma contradição e um conhecimento verdadeiro. Mas como se julga? Como podemos pensar o que pensamos? Qual é o sentido de nossas certezas? Eis onde começam as questões filosóficas. Eis onde começa Kant. Que ele tenha utilizado, durante toda a vida, manuais alheios em seus cursos, manuais com os quais podia não estar sempre de acordo, mostra bem, segundo entendo, que sua atenção filosófica não era dirigida exclusivamente ao conteúdo. Expondo o tratamento escolar de matérias que ensinava, podia se interrogar mais livremente sobre o que permanecia insatisfatório na legitimação desses saberes.

O que distingue mais claramente a filosofia de um outro exercício é, quiçá, exatamente o que Kant percebeu tão bem: não o "quê" (o que se diz?), não o "porquê" (dar um sentido a todas as coisas), mas o "como" (como se julga?). O que se diz às vezes importa menos do que o que nos permite dizê-lo. As evidências de que se alimenta a linguagem ordinária dissimulam representações bastante fluidas. Não apenas as designações dos objetos ou das idéias são, freqüentemente, flutuantes, mas nossas concordâncias, nossas afirmações e nossas negações, os julgamentos que constituem nossa atividade de pensamento são estranhamente irrefletidos em muitas ocasiões. A perspectiva propriamente filosófica de Kant foi, portanto, ter-se perguntado em que condições podemos pensar o que pensamos. É isso que o autoriza a invocar a maneira socrática no prefácio de seu principal livro, a *Crítica da razão pura* (B XXXI).[6] Kant partilha essa arte da interrogação, sempre útil, embora muitas vezes impertinente, com a filosofia em geral – é essa persistente intranqüilidade que a faz atual.

Kant tinha sob os olhos uma civilização doravante acabada, que ao mesmo tempo trazia em si uma certa quantidade de princípios tornados depois "nossas evidências". Esse mundo particular que, no entanto, reivindicava formas de universalidade, como a dignidade e a liberdade de cada um, a igualdade formal de todos e a universalidade da razão, se tornou *nosso passado*: embora acabado, continua a agir sobre nós. Era, já se disse, o "século dos filósofos". Mas ser filósofo nessa época não se dava sem inconvenientes. Seria desejável mostrar pelo que se segue que, se Kant foi filósofo, ele não o foi como um filósofo entre os outros, mas contra os "filósofos". Não que tenha tido um traço polemista ou um temperamento particularmente sangüíneo. Kant foi o "filósofo dos filósofos" na medida em que se perguntou sobre seu século, e sobre o que então se dizia, para estabelecer os limites e, simplesmente, pensar sobre isso. Criticou a ingenuidade a fim de que a grandeza surgisse. Eis por que podemos vê-lo como um "Homem das Luzes", pois cada um é filho de seu tempo, e também como um "crítico das Luzes".

---

6. Nas lições que dedicou a Kant no fim de sua vida, Hannah Arendt insiste bastante na atitude socrática dele, ligada à preocupação de tornar pública sua reflexão e de confrontá-la com as outras; H. Arendt, *Lectures on Kant's Political Philosophy*, Chicago, 1982, p. 32-8 (ed. bras.: *Lições sobre a filosofia política de Kant*, Rio de Janeiro, Relume-Dumará, 1993).

É sempre embaraçoso, no começo de um livro consagrado a um autor, sugerir o caráter eminentemente importante, novo, radical e até revolucionário de seu herói, sob o risco de denegrir outras realizações do espírito, cujo esplendor é momentaneamente ofuscado. Esse não é o propósito desta apresentação de Kant "sobre o fundo das Luzes". Trata-se apenas de propor um sobrevôo no qual se insinua o essencial de sua filosofia. Seus contemporâneos são "filósofos" por figura de linguagem. Ele é filósofo intimamente, por expressão do espírito.

Nota biográfica

Sobre a vida de Emmanuel Kant, nascido em 22 de abril de 1724 em Königsberg, morto em 12 de fevereiro de 1804 nessa mesma cidade, da qual jamais saiu, não há nada de particular a ser dito. Königsberg era então uma cidade importante da Prússia oriental e, sobretudo, um porto ativo do Báltico: o mundo vindo, quem teria necessidade de viajar? Estudou os clássicos e os matemáticos inicialmente no *Colegium Fredericianum*, austeramente pietista, depois na universidade de sua cidade. Sua "dissertação" de doutorado é sobre "a avaliação das forças vivas" (1747). Em 1755 passa a ensinar como professor catedrático nessa universidade e publica sua *História geral da natureza e teoria sobre o céu*. Em seguida redige diversos escritos de lógica, moral e física. Sua tese latina de 1770 sobre "a forma e os princípios do mundo sensível e do mundo inteligível" o capacita ao cargo de professor de filosofia. Sua obra verdadeiramente pessoal se inicia com as três "críticas": a *Crítica da razão pura*, em 1781, a *Crítica da razão prática*, em 1788, a *Crítica do juízo*, em 1790. O último período de sua vida é inteiramente marcado por importantes publicações de filosofia política e moral, seja sob a forma de artigos, seja sob a de obras mais imponentes, como a *Metafísica dos costumes* (1796-97), que traduzem o forte interesse que ele mantém pelos problemas colocados pela história presente, sobretudo a Revolução Francesa e suas implicações filosóficas.

O centro das Luzes na Prússia era Berlim, não Königsberg. Kant manteve boas relações com os berlinenses, em particular com o filósofo Moses Mendelssohn.[1] Lembremos que essas "Luzes" tratavam de despertar os espíritos sob o regime extremamente vigilante, desde 1740, do "despotismo esclarecido" de Frederico II. Em Königsberg, Kant freqüentava a casa de Hamann[2], um original fanfarrão espiritual das "Luzes" e da razão, defensor radical da fé luterana. Solteiro, mas cercado de amigos e de discípulos, Kant teve uma existência tranqüila.

Sobre o fim dessa vida vale a pena ler o magnífico e saboroso *Os últimos dias de Emmanuel Kant* (1827)[3], escrito pelo ensaísta inglês Thomas De Quincey a partir de testemunhos de Wasianski (1804), um dos últimos discípulos de Kant.

---

1. Moses Mendelssohn (1728-1786), filósofo racionalista alemão, representante das Luzes berlinenses (a *Aufklärung*), serviu de modelo para Lessing compor seu *Nathan, o sábio*. Mendelssohn é autor, notadamente, de *Jerusalém ou poder religioso e judaísmo* e de *Fédon ou da imortalidade da alma*.
2. J. G. Hamann (1730-1788), espírito original, escritor humorista e místico, adversário da *Aufklärung* vulgar, autor da *Metacrítica do purismo da razão* (1784).
3. Esse texto foi traduzido para o francês no fim do século XIX por Marcel Schwob (reeditado em Toulouse, nas edições Ombres, 1985). [Ed. bras.: Trad. Heloisa Jahn, Rio de Janeiro: Forense Universitária, 1989.]

1
A crítica

Kant nomeou seus principais livros de "críticas"; com isso entendia, sem dúvida, reconhecer uma forma particular de exercício intelectual que definia perfeitamente um "momento" essencial de seu próprio pensamento. Numa célebre nota à *Crítica da razão pura* chega mesmo a denominar seu século como "o século da crítica", e sua própria empresa, sendo a expressão de seu tempo, é igualmente a crítica. Pois ser do "século da crítica" é também submeter-se à crítica.

1. O século da crítica

Kant tinha consciência de viver em uma época que prometia múltiplas liberações. Partilhava com seus contemporâneos a aspiração de emancipação das autoridades e das formas impostas pelo costume. Ao mesmo tempo percebia uma série de contradições nessas "Luzes", particularmente a contradição entre os objetivos morais e os meios empregados. Os hábitos intelectuais herdados atravancavam essas perspectivas liberalizadoras. Na filosofia, o vocabulário usual – que Kant, no entanto, decidiu retomar – e os cortes conceituais recebidos remontavam a avatares da escolástica medieval (como a palavra "transcendental", da qual falaremos adiante), renovados por

Leibniz e Wolff.[1] Na política, a contradição, particularmente na Prússia, era manifesta, uma vez que aparentemente se encorajava o novo estado de espírito mantendo-se, entretanto, as estruturas de dominação autoritárias. O "despotismo esclarecido" conseguia modernizar certos aspectos da sociedade, mas a tolerância dada a alguns setores permanecia sob a fiscalização de uma polícia vigilante. Essa atitude favorecia a autocensura, enquanto a repressão, mais severa na França, dava livre curso às críticas indiretas, às vezes mordazes.

Como observou Michel Foucault em um de seus últimos textos[2], ao interrogar-se sobre a natureza de sua época, Kant introduziu uma nova preocupação na filosofia: a interrogação sobre o tempo presente, a preocupação com a atualidade. Ele tinha consciência de viver em um momento "histórico" aberto, no sentido de que algo, ainda não fechado ou acabado como "a Antigüidade" ou "a Idade Média", estava acontecendo. Com efeito, para Kant, "as Luzes" não designavam um período como outro qualquer, como é para nós; elas eram o presente mesmo se fazendo. Dedica a isso um pequeno artigo de 1784, alguns anos antes da Revolução na França, mas quando já havia publicado sua primeira *Crítica*. O sentido de sua empresa é questionado nesse artigo. O filósofo não paira acima dos séculos, Kant o sabe bem; ele está imerso em seu tempo, mas, por isso mesmo, sem o seguir. Ele o interroga, o avalia. A filosofia não é dirigida ao presente, mas,

---

1. Christian Wolff (1679-1754), filósofo racionalista alemão que procurou elaborar uma apresentação sistemática do pensamento leibniziano, não sem acrescentar correções; autor de *Metafísica ou doutrina de Deus, do mundo e da alma humana*.
2. Michel Foucault, "O que são as Luzes", extraído do curso de 5 de janeiro de 1983 no Collège de France, publicado na *Magazine Littéraire* n. 207, 1984, p. 35-9 (reeditado em *Dits et écrits* IV, Paris: Gallimard, 1994, p. 679-88).

por sua capacidade de abstração, de reflexão e de distanciamento, ela o interpreta e sonda suas contradições.

Se sua época nomeia a si mesma "Século das Luzes", é preciso antes de tudo se perguntar o que significa isso. A expressão se encontra simultaneamente no conjunto das línguas européias, todavia com nuanças consideráveis. Em alemão, "as Luzes" são traduzidas por *Aufklärung*, que designa um processo, a ação de esclarecer, de elucidar, de produzir e difundir as "luzes". A palavra é significativa e Kant a entende, ao mesmo tempo, como um acontecimento que caracteriza o estado dos espíritos e como uma tarefa a ser realizada, aberta ao futuro. O presente não é "esclarecido" – e talvez jamais o seja –, mas "a esclarecer". Em que consiste esse processo? Na saída do homem de sua *minoridade*, pela qual ele mesmo é responsável, já que ela se encontra na renúncia de cada um a usar seu entendimento. Se cada um é responsável pela minoridade, é porque não se trata de ter ou não entendimento, mas de se servir dele.

Essa maneira de abordar a questão é bastante característica de Kant: as dificuldades que encontramos, nos domínios teórico ou prático, freqüentemente se devem menos à ausência deste ou daquele elemento que a uma falta de julgamento. Kant diz para seus contemporâneos: se não nos damos a palavra e permanecemos neste estado de inferioridade e de minoridade que degrada os homens livres, é porque não temos audácia, preferindo o conforto de sermos conduzidos por outro a tomar conta de nós mesmos.

Ignoremos por um instante o que esse apelo pode ter de problemático e deixemo-nos levar; o emblema das Luzes, segundo Kant, é *"sapere aude!"*, *ouse saber*, mas também, pensando na observação de Roland Barthes (no fim de sua aula inaugural no Collège de France em 1977) sobre o sentido triplo do latim *"sapere"* (saber, sabedoria e sabor), *ouse ser sábio*, e, por fim, *ouse provar*, ouse provar o sabor das coisas! Essas três acepções desdobram a injunção em três domínios que balizam as "Críticas" kantianas: o conhecimento, a ação, o sentimento estético. Sob essas três ousadias se esboça uma nova concepção de *sujeito* (ver o capítulo 2). Mas aqui Kant visa, sobretudo, a capacidade intelectual do homem e a coragem de se servir dela; parafraseando o emblema vem: "Tem a coragem de servir-te de teu *próprio* entendimento!"

Vê-se, assim, que não basta regozijar-se com a "racionalização" da sociedade, com o abandono, por exemplo, de superstições ou antigos costumes, pois essa racionalização não será em nada "liberadora" se cada um não participar dela fazendo seu esse movimento. Eis por que Kant julga que cada um é responsável pela dependência na qual se encontra; seguir as opiniões de um outro, ou simplesmente seu exemplo, certamente é mais cômodo do que se pronunciar e agir por si mesmo. Seguimos um outro por hábito, conformismo ou preguiça. Esse fenômeno social de que fala Kant é um tipo de servidão consentida que resulta de uma estranha renúncia de si mesmo. Ora, ser si mesmo é ser livre, ser ativo em lugar de deixar que outro atue sobre si. Mesmo habituado a servir, reverenciando as autoridades, preso aos costumes, o homem é livre no sentido de que possui sempre, pelo menos, a capacidade de se recuperar. O que falta é apenas a audácia. É, pois, um acaso se um célebre revolucionário, Danton, a reclamar então e sempre?

Nessa primeira caracterização, Kant utiliza a distinção essencial entre "autonomia" e "heteronomia". A autonomia significa a liberdade como capacidade de dar para si mesmo uma lei. Aquele que não obedece a nada não é livre; é livre apenas aquele que obedece uma lei quando quer essa lei e, conseqüentemente, pode se ver como o autor dela. É ser "maior", decidir por si. É preciso se familiarizar com esse sentido de autonomia, definitivamente oposto à idéia de "descontrolado" ou de vagamente anarquista que a palavra pode evocar, uma vez que o conceito ocupa um lugar essencial no pensamento kantiano. A heteronomia, ao contrário, supõe que se recebe sua lei (*nomos* em grego) do exterior. Permanece-se sob tutela tanto tempo quanto se age assim, ou seja, se é menor, isto é, *mudo*, não se tem uma palavra própria a dizer. As Luzes designam menos a realidade de uma emancipação do que a consciência de sua possibilidade. O propósito de Kant não é diretamente político, como o do amigo de Montaigne, La Boëtie[3], que denuncia a "servidão voluntária" como a sustentação do edifício do poder. O que não quer dizer que o propósito kantiano absolutamente não o seja, nem que seja essencialmente moral, acantonado na consciência individual, longe de qualquer objetivo de realização. Imputar a dependência em que o homem se encontra à sua preguiça não é moralizar, mas, antes, considerar seriamente a liberdade, a capacidade de iniciativa, a atividade de cada um. O tom é de ironia mais que de censura:

> É tão cômodo ser menor. Se possuo um livro que tem para mim lugar de entendimento, um diretor que para mim tem lugar de consciência, um médico que decide meu regime em meu lugar, etc., não tenho necessidade de me cansar. Não sou obrigado a pensar se posso pagar: outros se ocuparão por mim dessa necessidade fastidiosa. (II, 209)

É porque não basta saber uma coisa para cumpri-la. Para passar de uma minoridade partilhada à maioridade,

---

3. Etienne de La Boëtie (1530-1563) é autor de *Discurso sobre a servidão voluntária*.

a emulação pode desempenhar um papel, com a formação de uma opinião verdadeiramente "crítica", abalando as idéias recebidas, de acordo com um processo que só poderia ser progressivo. Segundo Kant, uma revolução na ordem exterior poderá, sem dúvida, destruir a opressão "cúpida e autoritária" e o despotismo de um só ou de alguns, mas não abalará os fundamentos da "maneira de pensar", correndo o risco de substituir antigos preconceitos por novos. Ora, um preconceito é um pensamento morto, um pensamento que foi pensado um dia por um outro, mas que não é mais pensado por mim. É retomado como uma coisa, um dogma, qualquer que seja o conteúdo, e ainda mais facilmente se esse conteúdo for em aparência "libertador". O preconceito é em si mesmo um fator de heteronomia.

As Luzes, a exemplo de Descartes, fizeram uma caça aos "preconceitos", às representações tradicionais sobre as quais não se questionava mais nada, aos hábitos e às práticas cuja significação havia sido perdida. Mas nesse combate deram uma prova de ingenuidade ao acreditar que podiam substituir integralmente o conjunto de opiniões outrora recebidas por idéias bem pesadas da razão. Kant aceita que se coloque em questão os preconceitos, mas de maneira diferente. Em um preconceito há um juízo que se exerceu, um pensamento que foi *pensado*: devo apenas ver se meu pensamento atual pode ou não coincidir com ele. O pensamento reside no exercício atual de um juízo, um exercício que a *Aufklärung* reivindica, mas que às vezes tem dificuldade de realizar. Kant participa à sua maneira dessa tendência maior de seu tempo.

2. Orientar-se no pensamento

Buscar um pensamento autônomo, não seguir cegamente as idéias que circulam, mas submetê-las a exame, enfraquecê-las, contradizê-las e, às vezes, combatê-las, é toda a dificuldade que há em "ser de seu tempo" quando se faz profissão de lucidez, quando se é filósofo. Estar no interior da tormenta de uma polêmica, como aconteceu algumas vezes com Kant – e sem a qual ele teria passado bem, uma vez que a polêmica perturbava o trabalho intelectual e sua necessidade de serenidade –, é também o sinal de que se é ao mesmo tempo reconhecido (trata-se de alguém promissor) e incompreendido (se seus livros tivessem sido lidos, poderia pensar Kant, poupar-se-ia e, sobretudo, ele teria sido poupado dessa agitação). Mas havia se tornado difícil manter-se à margem de uma mudança histórica considerável em que se via a formação de uma opinião pública e o questionamento cada vez mais manifesto das autoridades antigas, mesmo quando se morava em um rincão isolado da Europa, longe de Londres, Paris, Amsterdã ou Nápoles. A compreensão das grandes linhas do pensamento kantiano pressupõe que se restitua em parte as tensões às quais esse pensamento estava exposto e as quais ele traduz e reelabora.

A presença de conflitos lembra também a necessidade, para um filósofo, de se orientar, questão à qual Kant dedicou um artigo de revista. Orientar-se no pensamento é saber colocar-se em um espaço do saber e em uma época. Se "se orientar" é a questão, é porque o pensador sabe que não está nem só consigo mesmo, nem fora de lugar, mas em um espaço ordenado, dotado de pontos de referência que não são nem iguais nem indiferentes. O espaço da prática já está estruturado de uma certa maneira, e pode ser cartografado, descrito, medido. É porque, antes de ter acesso ao mundo em sua "objetividade", há a maneira pela qual me situo em relação a certas referências externas. Devo saber localizar meu corpo em um lugar. Para me orientar, explica Kant, "necessariamente preciso do sentimento de uma diferença em meu próprio sujeito, a saber, aquele da minha direita e da minha esquerda" (VIII, 134). Como, de fato, me situar em relação ao norte e ao sul sem recorrer a referências relativas a meu próprio corpo, como a direita e a esquerda? Mesmo olhando um mapa, para nós mesmos e por comodidade, dizemos, por exemplo, que tal cidade está "em cima, à direita", e tal país "embaixo" de um outro. Se não possuíssemos essa primeira divisão que nosso corpo nos fornece com a distinção entre a mão esquerda e a mão direita, que configura nossos hábitos mais antigos, é possível pensar que fôssemos incapazes de nos orientar. É uma questão de "sentimento", não é que precisemos ter um "senso de direção", mas que possamos nos mover em um espaço e, nele, buscar um ponto de referência, um "oriente", a partir do qual reconstruamos intelectualmente as coordenadas do lugar em que nos encontramos. Para isso, um sentimento sobre nosso corpo é indispensável, mesmo que acreditemos esquecê-lo logo, um sentimento em que se ancore aquilo que faz de nós um "sujeito", aquilo que se possa chamar de nossa "subjetividade". Kant sabe bem que, sem um tal sentimento, ficaríamos desorientados.

Vejamos a diferença em relação a Descartes, um outro andarilho audacioso que se colocou os problemas de orientação, mas os resolveu de outra forma. Há aqui verdadeiramente dois estilos de pensamento. Imaginando, no *Discurso do método*, "um homem que caminha só e nas trevas", Descartes considera que o essencial é que ele não caia, aconselhando, então, a lentidão e a multiplicação de precauções como garantia de segurança. Transpondo esse exemplo para seu próprio percurso teórico, vê-se que ele privilegia antes de tudo a certeza – uma certeza puramente subjetiva, que não deve nada ao conhecimento do terreno. Desde que não se caia e uma vez que se siga o caminho em linha reta, necessariamente se sairá da floresta em que se está perdido. Os expedientes dependem do plano que concebo abstratamente e da resolução que tenho de me ater a esse plano.

O percurso kantiano é completamente diferente: o sujeito não é jogado de repente em um meio desconhecido como uma floresta no meio da noite, porque uma situação em que não se conhece estritamente nada de antemão, como quer imaginar Descartes, não corresponde às condições de nossa experiência ordinária. Kant retoma, pois, o exemplo colocando seu sujeito, todavia, em um lugar conhecido, mas obscuro – podemos pensar em *Viagem ao redor de meu quarto* de Xavier de Maistre[4], uma viagem vale pela outra.

> Na obscuridade, me oriento em um lugar que conheço se puder encontrar um só objeto do qual tenha a posição na memória. Mas, então, nada me ajuda mais manifestamente que o poder de determinar as situações segundo um princípio de diferenciação subjetiva, pois absolutamente não vejo os objetos dos quais devo encontrar a posição. (VIII, 135)

Trata-se de um processo de reconhecimento apoiado em um saber prático anterior: vivi nesse quarto ou passei muitas vezes por ele, e mesmo que eu não tenha feito sistematicamente a enumeração dos móveis e outros objetos que nele se encontram, guardei uma memória, poder-se-ia dizer, de uso. É graças a ela que posso progressivamente me localizar. Primeira indicação: o sujeito possui uma memória prática, a memória de seu corpo agindo em um espaço concreto. Não se tem mais a hipótese radical da

---

4. Xavier de Maistre (1763-1852), escritor saboiano um tanto marginal, irmão de Joseph de Maistre (1753-1821), um dos principais filósofos anti-revolucionários. Seu *Viagem ao redor de meu quarto* parodia as narrativas de viagem tirando partido das fontes da imaginação, já que o herói está encarcerado.

obscura noite de meus sentidos, de um espaço puramente geométrico ou, como estava em voga no decorrer do século XVIII, do caso de um cego e de sua construção da percepção (veja-se as discussões em torno de Diderot e de sua *Carta sobre os cegos*). O espaço ordinário do exemplo kantiano se constitui a partir de uma experiência de referência durante a qual um sujeito finito restitui a funcionalidade do meio que o circunda:

> Se alguém, prossegue ele, para me pregar uma peça, colocasse à esquerda todos os objetos que antes estavam à direita, conservando a mesma posição relativa entre eles, eu não me encontraria mais em um lugar onde todas as paredes seriam exatamente idênticas. Mas não demoraria a me orientar pelo simples sentimento de uma diferença entre meus dois lados, o esquerdo e o direito. É exatamente isso que acontece quando devo andar à noite e me orientar em ruas que conheço, mas nas quais, no momento, não distingo nenhuma casa. (VIII, 135)

Qualquer que seja a origem da desorientação, o sujeito encontra em si mesmo os recursos. Isso vale também para o pensamento. Quando não há referências objetivas, é segundo princípios de diferenciação subjetivos que posso orientar meu julgamento. Essa orientação subjetiva é o que Kant denomina "o sentimento da própria necessidade da razão" (VIII, 136). A razão está ligada a um sentimento, a um sujeito corporal, situado no espaço, ocupando-se consigo mesmo. É isso que permite compreender a dimensão pragmática da empresa kantiana: o pensamento opera em situação, é ordenado à produção de efeitos no horizonte de uma liberdade *prática* (prática, em Kant, significa não o que diz respeito exclusivamente à ação por oposição à contemplação teórica, mas o que é possível por meio da liberdade).

3. A razão como senso comum

Se o objetivo de Kant foi separar a razão pura da razão ordinária para adquirir um instrumento de análise de nossos conhecimentos e de nossas motivações, esse projeto mesmo se inscreve em uma concepção que não é puramente teórica. O filósofo kantiano não se retira do mundo para contemplar as idéias eternas, ele está incluído em uma situação histórica sobre a qual se esforça para pensar. Estando o mundo da *Aufklärung* prestes a operar em grande escala a interrogação de si mesmo, Kant atribuiu-se a tarefa de *pensar* essa disposição. Sua pesquisa filosófica corresponde a um esforço para "se orientar no pensamento", ela deve satisfazer as exigências do "senso comum", que, a seus olhos, representa um anteparo indispensável contra os excessos "especulativos" (no sentido óptico de construções abstratas "em espelho", que dão a ilusão de profundidade), aos quais se pode abandonar uma razão deixada por si mesma. O senso comum, aqui, é o bom senso de cada um, com sua dimensão espontaneamente pragmática, mas também o horizonte partilhado da comunicação entre os espíritos. Sem nos trazer conhecimentos completamente elaborados, ele nos oferece um certo controle de nossa razão. Em lugar de simplesmente desprezar o recurso ao pensamento comum, Kant coloca, ao contrário, o pensamento filosófico à prova do "senso comum", o que é, para ele, propriamente "se orientar no pensamento" (IX, 57). A filosofia crítica não se contenta em denunciar a ingenuidade das abordagens ordinárias, ela coloca em perspectiva também o excesso de uma razão exageradamente segura de si.

Desse "senso comum" Kant extrai três máximas, retomadas em muitos pontos de sua obra, que constituem uma base para seu pensamento.

A primeira é justamente a máxima das Luzes: "pensar por si mesmo", em outras palavras, buscar em si mesmo, em sua própria razão, o critério de verdade. É a ocasião para Kant de precisar que as "Luzes" não estão entre os conhecimentos: "são, antes, um princípio negativo no uso de nossa faculdade de conhecer" (VIII, 147). O filósofo não se coloca a questão do (conteúdo do) saber, mas sim a questão do que se faz com esse saber. O exercício da reflexão é um constante pôr-se a si mesmo à prova, uma ascese na qual se pergunta o que se deve admitir ou rejeitar. Mas, tomado isoladamente, esse princípio do pensamento autônomo poderia levar ao solipsismo intelectual; ele traz consigo um fermento de anarquia. Pode conduzir ao "egoísmo lógico" (VII, 128) daquele que considera supérfluo confrontar seu julgamento com o de outro. Ora, a razão kantiana, consciente dos limites da perspectiva própria de cada um, exige justamente a livre confrontação com outro, logo, a liberdade de expressão e a publicidade.

Eis por que a segunda máxima do senso comum corrige esse aspecto ao exigir "pensar colocando-se no lugar de outro". Trata-se de tornar objetivo seu próprio julgamento por uma operação de variação que prova a validade desse julgamento. Os homens, seres racionais, mas finitos, exercem sua razão, que aspira ao universal, de um ponto de vista particular do qual não podem escapar. Preciso sempre confrontar a "minha" razão com a razão "estranha" de outro. A variação imaginativa permite que se incorporem diferentes papéis e, de maneira totalmente concreta, por tentativas sucessivas, que se alargue o campo de pensamento. Não se trata de uma universalização, mas de uma flexibilidade de espírito que prepara a pluralidade. A razão é partilhada, ela se exerce em um horizonte comum. Lembrar a intercambiabilidade dos sujeitos de razão é o aspecto comunicativo do senso comum. A idéia de controle da minha razão por uma razão "estranha", como diz Kant, é essencial: é por meio dessa confrontação que o horizonte de cada um pode se alargar. Pois convém "não medir o horizonte dos outros pelo próprio", mas "buscar sempre alargar seu horizonte em lugar de restringi-lo" (IV, 42-43). Essa máxima implica uma constante pluralização da razão.

Finalmente, a terceira máxima exige que os pensamentos sejam conseqüentes e coerentes, proibindo que um mesmo sujeito, pensando ao mesmo tempo por si mesmo e virtualmente no lugar de outro, se contradiga. É essa máxima que dá peso às duas precedentes, organizando um mundo comum de singularidades. Segundo ela, a argumentação contraditória é possível. A razão se afirma no conflito com proposições dos sentidos, não apenas no que concerne ao conhecimento ou à ação, mas também no que diz respeito ao gosto. É nesse quadro bastante concreto de uma *prática da razão* em comum que a proposta original de uma *crítica da razão* de Kant ganha sentido.

4. O gesto crítico

A tarefa do filósofo não é nem a de censurar o curso do mundo, que jamais estaria à altura dos ideais, nem a de simplesmente lhe oferecer uma garantia, mas a de se interrogar sobre as evidências partilhadas. É um trabalho de reflexão. Estando dadas as teorias que pretendem fornecer um conhecimento da natureza, o filósofo se interroga sobre suas pretensões, retoma seus procedimentos, procura compreender o que as garante ou não, descobre as falhas de nossas certezas mais firmes. Ou então, sobre nossas ações, o filósofo retoma as razões que temos o costume de alegar em favor de nossa moral corrente para denunciar a fragilidade, a inconsistência, a ambigüidade.

Quando todos vão aos fatos, aos resultados, às convicções ou aos conhecimentos acumulados, em suma, a tudo o que se apresenta como positivo, estabelecido, confirmado, o filósofo crítico se pergunta sobre o que nos permite enunciar tudo isso como certezas. Ele não é um cético que duvidaria por duvidar, para destruir as frágeis construções da razão e deixar a cama feita para o irracionalismo ou para a superstição. Ele apenas se autoriza um exame mais amplo, basicamente pela idéia racional de que, se acreditamos em nosso saber ou em nossa maneira de agir, é importante que eles estejam assegurados: melhor colocá-los à prova duas vezes que uma só.

O gesto crítico consiste, assim, em desviar o olhar das coisas, a subtrair seu poder de fascinação, para aplicar-se ao exame das condições sob as quais essas coisas nos aparecem. A análise das condições consiste em se perguntar, em relação a toda "evidência" comumente recebida, como ela é possível. O filósofo crítico não se precipita para propor soluções de troca, ele sabe que nessas circunstâncias um dogmatismo rapidamente substituiria outro, tão poderosa é a necessidade de crer dos homens. Se, para um problema dado, muitas propostas de solução encontram-se em concorrência, ele examina os argumentos de cada uma delas.

O meio da reflexão é, pois, o do possível por oposição ao real, ou ainda o do direito por oposição ao fato. O que quer que se faça, os fatos estão sempre aí. Não se trata de contestá-los ou de apresentar outros. Não é essa a tarefa do filósofo. Mas *o que se faz dos fatos* e o título de fato que vale para este ou para aquele, em suma, a interpretação dos fatos, eis o que constitui a questão favorita do filósofo, a questão "com que direito?", *quid juris*?

O ponto de partida da empresa kantiana é a consideração das contradições da razão. Como pode acontecer que sábios ou filósofos não concordem entre eles, se fazem "profissão de razão", buscam a universalidade, trabalham todos para estabelecer conhecimentos estáveis? A filosofia está diretamente implicada nisso por sua antiga postura de "rainha das ciências" e também porque se define pelo exercício da razão. A anarquia está posta: a discussão filosófica lembra um "campo de batalha". Às pretensões daqueles que só confiam em seus raciocínios abstratos se opõem, incansavelmente, as dúvidas dos céticos, indicando o distanciamento permanente entre as teorias e a experiência. O espetáculo mortificante de sua alternância regular produz um efeito deplorável: desvia-nos de uma ocupação que fica parecendo tão vã quanto inconseqüente. Essa luta estéril encoraja o "indiferentismo", que é a forma de "ódio à razão" mais dissimulada. Por culpa dos protagonistas, o público esclarecido procura abandonar os mais altos interesses do conhecimento e se lançar em novas superstições.

Pode-se caracterizar facilmente as posições que se confrontam indefinidamente, sem entrar em reconstruções históricas complexas. Há aqueles que Kant designa como "dogmáticos", os metafísicos que supõem que existe um conhecimento racional do mundo, da alma e de Deus. Para eles, os conceitos fornecem o conhecimento das coisas, basta ter conceitos para conhecer. Essa confiança na "metafísica" é, no entanto, frustrada pela pouca fecundidade de seu processo. Esses filósofos situam a razão nos conceitos, seguindo Leibniz e Christian Wolff, cujas numerosas obras de lógica e de metafísica tiveram uma importância decisiva na Alemanha. Durante toda a vida, em seus cursos de filosofia, Kant se apoiará nos manuais de um desses metafísicos racionalistas, Alexandre Baumgarten[5], particularmente para ensinar a "metafísica" e a "moral". O que significa a difusão deles. O procedimento desses metafísicos é a análise conceitual: primeiro apresenta-se um

---

5. Alexandre Baumgarten (1714-1762), autor de uma *Metafísica* (1739) e de uma *Estética* (1750).

conceito e, em seguida, deduzem-se propriedades que estão analiticamente contidas nele.

Tomemos o conceito de *alma*: se é definida como pura, imutável, simples, idêntica a si mesma, deduz-se que ela é imortal, porque uma essência imutável não pode nem ser destruída por outra coisa, como o corpo ao qual está afeta e do qual se separa no momento da morte, nem perecer por si mesma, levando em conta sua definição. *Logo* a alma é imortal.

Notar-se-á que se impôs um conceito que supostamente descreve de modo exato uma essência, sem explicar por nada mais além da racionalidade interna desse conceito por que ele é constituído assim. Do conceito A de alma se deduzem propriedades que se encontrariam antes nele: A = a, b, c, d, ... Eis como, sem dificuldade, vemos que se colocou analiticamente que A = A (= a, b, c, d, ...). Procedendo assim esquematicamente, na verdade o metafísico racionalista não se arrisca: aquilo que ele quer estabelecer, ele possui antes mesmo de fazê-lo. A aparência de demonstração operada a partir de um tal procedimento não nos traz nada de novo, mas simplesmente desdobra o que estava implicitamente suposto no conceito.

O discurso da metafísica racionalista, por mais impressionante que pudesse ser em seu estilo, estando tão próximo do procedimento matemático, nada mais é que uma vasta tautologia (no modelo "um gato é um gato"...), uma linguagem do mesmo, uma repetição indefinida. Um tal discurso funciona, portanto, como um recipiente fechado, sem *produzir* verdadeiramente nenhum conhecimento. Precisamente, não se pergunta jamais, primeiro, se aquilo de que se fala existe ou não, e, segundo, se aquilo de que se fala corresponde a alguma coisa na experiência. Esse conhecimento analítico é impecável na sua forma, mas vazio; não possui outro conteúdo além da forma das proposições e dos conceitos que utiliza.

A diferença entre o *conceito* de uma coisa e a *existência* de uma coisa é ignorada: é particularmente este ponto que Kant atacará com perseverança.

De certa maneira, essa metafísica se dava conta de seus limites. Mais precisamente, ela acrescentava, às vezes, à sua abordagem "racional" um processo "empírico"; assim, a psicologia racional, que trata do conceito de alma, era complementada por uma psicologia empírica que se apoiava em experiências como os sonhos, as alucinações e as emoções. Mas a ligação entre as duas acepções de "alma" não era de modo algum precisada. Ao contrário, tem-se a impressão de que há duas "almas", uma situada na pura esfera da essência, outra deixada no submundo das impressões. Esse corretivo, fazendo, de maneira desajeitada, as vezes de experiência, sublinhava sobretudo a insuficiência do ponto de partida.

A partir de Locke, cuja influência foi considerável em toda a Europa das Luzes, desenvolveu-se uma outra maneira de filosofar, maneira essa que derivava as idéias das sensações.[6] Recusa-se, nesse caso, hipóteses metafísicas como as "idéias inatas" dos cartesianos. Uma desconfiança sadia em face da tendência dos filósofos de tomar suas abstrações como certas antecipadamente motiva essa nova atitude. É também a ocasião de um retorno ao sujeito do conhecimento: em vez de se interrogar a respeito de Deus, da alma ou da liberdade, os objetos tradicionais da metafísica, Locke se perguntava como o "entendimento humano" recebe suas idéias, como as combina entre si e constitui seus conhecimentos.

As idéias são passivas no sentido de que só podem provir de impressões sensíveis que se imprimem em nossa alma, se repetem e tornam-se, assim, utilizáveis. Conseqüentemente,

---

6. Sobre esse ponto, ver Alexis Tadié, *Locke*, Paris, Les Belles Lettres, 2000, p. 89-117. [Ed. bras.: *Locke*, São Paulo, Estação Liberdade, no prelo.]

recebemos a idéia de "quente" ou de "acre" antes de conceber a xícara de chá ou o biscoito de gengibre que são, respectivamente, quente ou acre. Os conceitos que formamos o são, pois, por repetição e semelhança, as conexões que estabelecemos entre eles repousam sobre o hábito de sua conveniência ou não conveniência. O conhecimento consiste, então, na análise das sensações ou dos procedimentos que fornecem regularidades e associações. Mas estas, provindo apenas do hábito de sua repetição, não possuem nenhuma necessidade intrínseca. O estabelecimento de uma relação causal entre dois fenômenos possui, talvez, uma validade descritiva, mas não nos proporciona nenhum conhecimento universal; porque um fato, como o encontro de A e de B em uma circunstância c1, pode não se reproduzir em uma circunstância c2.

Essa nova concentração da reflexão filosófica nas operações do "entendimento humano" é, certamente, útil ao eliminar certos transbordamentos descontrolados da razão, mas de maneira nenhuma resolve o problema do fundamento do conhecimento: as operações do entendimento são descritas em um plano factual, sem nenhuma garantia de universalidade. A análise do entendimento "humano" leva a uma psicologia de associações, mas essas associações não apresentam nenhuma necessidade. Hume extraiu logicamente a conseqüência de que nosso saber se baseia na constância da "natureza humana", em nossos hábitos e nossas expectativas. Dito de outra forma, nosso saber é tal como é porque nós somos como somos, mas poderia ser outro se fôssemos diferentes.

Enquanto os metafísicos racionalistas apresentam a identidade desde o ponto de partida, analisando um conceito que já contém o conjunto de suas características, os empiristas consagram-se inconsideradamente à dispersão das sensações e são incapazes de produzir algo melhor que regularidades contingentes ou associações lábeis.

Entre a necessidade vazia, porque formal, de uns e a multiplicidade indeterminada, porque variável, de outros, há lugar para uma concepção do saber que dê lugar tanto à exigência de universalidade e de necessidade quanto à experiência? Ou, mais simplesmente: um saber da experiência é possível? Para os empiristas, a dificuldade está em justificar a necessidade da lógica, sobretudo das matemáticas. De fato, parece que, repetido dez ou um milhão de vezes, 3 + 5 será sempre 8, mesmo que a Terra estivesse em chamas, os marcianos tivessem desembarcado ou o tempo estivesse invertido. O mesmo vale para a geometria ou para determinados aspectos da física; as demonstrações de Galileu não tiram sua força da repetição ocasional. De onde vem essa necessidade? É isso que eles têm dificuldade de explicar. Quanto aos metafísicos racionalistas, sua confiança cega na razão lhes prega peças, como se, separada da experiência, ela se deixasse levar facilmente e produzisse por si mesma aparências falaciosas de conhecimento. Essa falência da metafísica, que parece não ter progredido desde seu início, enquanto a física deu saltos decisivos, se deve, seguramente, a um excesso de confiança nela mesma; a metafísica quis rivalizar com as matemáticas, que operam por construção de conceitos, enquanto ela mesma só pode receber seus conceitos das línguas naturais, determiná-los novamente, sem dúvida pensar com eles, mas não unicamente a partir deles. Todavia, Kant, considerando essa situação sem complacência, não se contenta em rever e rebaixar as pretensões da metafísica; ele pretende analisar seu funcionamento ilusório a fim de explicar a necessidade mesma dessa ilusão.

Poder dar conta de nossos erros é uma das grandes inovações do modo de pensar kantiano.

5. Uma revolução na maneira de pensar

Quando propõe uma segunda edição de sua *Crítica da razão pura* em 1787, seis anos depois da publicação da primeira, para responder às críticas ou aos mal-entendidos que o livro tinha suscitado, Kant apresenta a significação global de sua empresa como uma "revolução no modo de pensar" (B XI). É nessa ocasião que esboça a comparação com Copérnico[7], evocando a "revolução copernicana". Poder-se-ia perguntar se essa interpretação tanto tempo depois é pertinente; o importante é que ela é diretamente assumida por Kant e conserva um valor explicativo.

A escolha não é indiferente. Descartes, quando apresenta, nas *Meditações metafísicas*, o "cogito" como o firme fundamento no qual toda certeza deve se basear, compara seu gesto ao de Arquimedes, que pedia uma alavanca para mover a Terra. O "cogito", o ato do "eu penso", seria uma ferramenta como essa, permitindo que se derrubasse o conjunto de conhecimentos falsamente seguros a fim de calçá-los mais firmemente. Notemos apenas que uma alavanca é um instrumento tangível, que precisa de um suporte, de um ponto de apoio, para exercer sua pressão. Estamos ainda na mecânica.

Em Kant, a comparação com Copérnico não evoca uma intervenção concreta sobre o mundo, mas unicamente uma *interpretação*. Nenhuma "descoberta" particular ou inovação técnica está em causa, mas apenas uma mudança na maneira de ver as coisas. Tanto que se considerava, na antiga astronomia ptolomaica, que os corpos celestes giravam ao redor da Terra, portanto, do espectador, e só se conseguia produzir algo coerente ao preço de complicações infinitas. Então, segundo Kant, Copérnico

---

7. Nicolau Copérnico (1473-1543), astrônomo polonês, autor de *Tratado sobre a revolução dos orbes celestes*.

tentou inverter os pontos de vista e considerar as coisas de outra forma: como se o espectador e a Terra, na qual está situado, se deslocassem. A ilusão que ele denuncia assim é o geocentrismo; acreditamos que não estamos em movimento porque não o sentimos, sem refletirmos que talvez participemos de um sistema que está, ele mesmo, em movimento. A interpretação dos movimentos dos corpos celestes proposta por Copérnico era não só mais econômica, mas também muito mais correta: explicava mais e melhor. Mas Kant tem um gesto semelhante?

De fato, sua revolução é inversa à de Copérnico, uma vez que, para Kant, não se trata de se regular por uma coisa diferente do "espectador" para relativizar o ponto de vista subjetivo, espontaneamente tomado pela astronomia antiga, mas, ao contrário, de nos desprender da crença espontânea no primado das coisas. Compreender que as coisas que acreditamos *dadas* em primeiro lugar podem ser também *constituídas* por nós, em outras palavras, perceber nossa imperceptível colaboração na constituição do mundo objetivo, eis o que constitui uma "revolução" simétrica à de Copérnico. Entretanto, ela faz mais do que inverter esta última, uma vez que a simetria das duas atitudes não é completa: entre Copérnico, que muda de hipótese explicativa tomando uma outra referência, e Kant, que se volta para a análise crítica dos poderes do sujeito, o percurso é bem diferente. Leiamos seu texto:

> Até agora se supôs que todo o nosso conhecimento tinha que se regular pelos objetos; porém todas as tentativas [...] fracassaram sob esta pressuposição. Por isso, tente-se ver uma vez se não progredimos melhor nas tarefas da metafísica admitindo que os objetos têm que se regular pelo nosso conhecimento... (B XVI)

O ponto de vista muda apenas em aparência; tomando o próprio sujeito pensante como objeto da investigação sobre a possibilidade de um conhecimento em geral, Kant não deixa a relação que forma o conhecimento, a saber, a experiência, no mesmo estado, mas, ao contrário, a rebaixa inteiramente. O sujeito e seus poderes não são como o objeto e suas propriedades, no sentido de que seria indiferente passar de um às outras. O sujeito é uma atividade que elabora o que consideramos "o objeto". Donde ser mais difícil considerar um sujeito do qual não podemos nos abstrair. A novidade do gesto crítico, que Kant designa como uma "revolução na maneira de pensar", está nessa reflexão sobre nossas operações. O abandono da crença ingenuamente realista situa, a partir de então, a empresa filosófica sob o signo da reflexão. A questão não é mais: o que são as coisas? Mas: o que são as coisas *para nós*? O que podemos conhecer?

6. A formulação do problema do conhecimento

Descrevendo a deterioração da "metafísica", Kant não pretendia poupar as ciências. As matemáticas e a física produziram, no entanto, resultados que testemunham fortemente em favor de sua universalidade, de sua necessidade e de seu rigor. O problema filosófico é, então, compreender o sucesso delas. Para isso, um questionamento próprio é necessário. Sendo as explicações dos racionalistas e dos empiristas ambas insatisfatórias, a tarefa que se destina à filosofia kantiana é a de produzir, ao mesmo tempo, uma interpretação correta das ciências e uma explicação dos processos da metafísica, procurando, se a ocasião se apresentar, colocá-la na via "segura" da ciência.

Um conhecimento puramente analítico, independente da experiência, é, sem dúvida, necessário, mas é vazio;

a experiência, por sua vez, é incapaz de produzir por si mesma uma necessidade e uma validade universal. Como conseguir conciliar a experiência e a necessidade? Qual seria a forma de necessidade e de universalidade própria à experiência científica? Como filósofo, Kant não precisa refazer as ciências. Elas existem; trata-se unicamente de interpretá-las, isto é, de pensar sua possibilidade. Compreendendo como elas obtêm êxito, vai-se entender melhor por que a metafísica, por seu turno, fracassa. Ora, o que faz das matemáticas e da física ciências é o fato de conterem "juízos sintéticos *a priori*". O que significa isso?

Um juízo analítico nada mais faz que desenvolver (pelo predicado) o conteúdo já posto no conceito (o sujeito). Se A = B é analítico, é porque nada em B é diferente de A. B nada mais faz que detalhar o que já está contido em A. Quando digo, por exemplo, que um corpo é extenso, simplesmente deduzo a idéia de extensão da de corpo, uma vez que é impensável imaginar um corpo sem extensão. Dito de outra forma, o conceito mesmo de corpo implica a propriedade de ser extenso.

Diferentemente, um juízo sintético relaciona a um conceito A (o sujeito) um conceito B (o predicado) diferente dele. Portanto, ele acrescenta algo de novo. Se digo que um corpo é pesado, essa é uma propriedade que não posso adivinhar unicamente a partir do conceito de corpo. Pode-se imaginar também um corpo não pesado, e para os astronautas essa é a primeira idéia que vem à mente. Para poder dizer que um determinado corpo é "pesado", é preciso, portanto, fazer uma experiência. Pode-se, então, relacionar ao conceito uma propriedade constatada por experiência e não deduzida analiticamente de sua definição. A experiência estabelece se o corpo em questão é pesado e permite que se meça seu peso. É por isso que todos os juízos de experiência são *sintéticos*.

Mas já vimos que os juízos de experiência, por serem singulares, não podem ser universalizados. Eles são juízos *a posteriori*, derivados da experiência, e recebem, por isso, o traço da contingência. A questão de Kant é a de saber se pode haver um juízo sintético independente da experiência, isto é, *a priori*. Este termo pode ser complicado quando se imagina que se trata de uma sucessão temporal. Não é isso. *A priori* indica aquilo que, na experiência, não depende da experiência; em outras palavras, aquilo que, nela, diz respeito à mente.

Para Kant, um juízo aritmético tal como 7 + 5 = 12 é sintético, uma vez que 12 traz alguma coisa a mais em relação à soma dos componentes. Com efeito, eu não poderia chegar ao 12 a partir de dois outros números sem a ajuda da intuição. O mesmo acontece em geometria: a proposição que enuncia que a linha reta é o caminho mais curto entre dois pontos é igualmente sintética, uma vez que a idéia de "mais curto que" só pode provir da intuição, e não da análise dos conceitos em questão. São dois exemplos de juízos sintéticos, verdadeiramente informativos e, entretanto, distintos de qualquer experiência, uma vez que nós mesmos construímos seus elementos.

Se os juízos sintéticos da física conduzem necessariamente a uma experiência, Kant observa que seus princípios podem ser *a priori*, uma vez que se trata da aplicação das matemáticas ao campo da física. A experiência físico-matemática extrai seu conteúdo das intuições sensíveis, mas sua forma das matemáticas; sua legibilidade como experiência pode, então, ser *a priori*, independente do desenrolar da experiência. Ela é, pois, necessária e universal.

Essas duas ciências levam a investigação filosófica a se perguntar sobre a possibilidade desses "juízos sintéticos *a priori*" e, portanto, sobre a capacidade da mente de dar leis à natureza. O progresso das matemáticas nos mostrou quais poderiam ser os poderes de nossa razão.

O desenvolvimento da física experimental com Galileu nos convenceu de que os conhecimentos matemáticos podiam manter uma relação com os dados da experiência, dos quais esses conhecimentos permitiam a "legibilidade". Trata-se agora de refletir sobre a relação da mente que conhece com os dados da experiência; em outras palavras, a relação do entendimento com a sensibilidade. Isso é, sem dúvida, necessário para compreender as ciências, mas sobretudo para tirar a filosofia do mau caminho em que se encontra quando tenta seguir a via das matemáticas sem possuir o mesmo objeto que elas. Como acontece de nosso entendimento se relacionar a este outro que é a intuição sensível? É isso que se deve analisar.

O método kantiano consiste em retomar as operações da mente implicadas nas ciências, cuja existência não se trata mais de demonstrar. Como é anunciado de uma só vez, trata-se de uma "crítica do poder da razão em geral" (e não deste ou daquele objeto ou ciência) "em relação a todos os conhecimentos aos quais ela pode tender independentemente de toda experiência" (*Crítica da razão pura*, primeiro prefácio, A XII). Kant volta a crítica, tão em voga entre seus contemporâneos, contra a própria razão. Ele a coloca à prova para testar sua solidez e tornála apta a fundar o conhecimento. Ao mesmo tempo, determina seus limites, definindo o uso legítimo da razão. Assim, necessariamente se deve passar pelo momento negativo da crítica antes de pensar em desenvolver uma metafísica, como é o projeto fixado de Kant. Mas as conseqüências desse questionamento são consideráveis.

Ao lado da "crítica", que define a empresa em seu conjunto, Kant designa sua argumentação com um outro termo que se presta a mal-entendidos:

> Denomino transcendental todo conhecimento que em geral se ocupa não tanto com objetos, mas com o nosso

modo de conhecer objetos na medida em que este deve ser possível *a priori*. (B 25)

Não se trata de maneira alguma de "transcendência", termo que evoca uma relação com um além que nos ultrapassa, o divino ou as idéias, uma vez que Kant imagina, ao contrário, refletir sobre os limites de um uso: o termo "crítica" designa o exame aprofundado dos poderes e dos limites da razão; "transcendental" nos leva mais especificamente às condições de possibilidade de nosso conhecimento. A questão, então, não é: como conhecemos as coisas? Mas sim: como, em geral, podemos conhecer alguma coisa? Não se trata de descrever o que se passa quando conhecemos, o que seria uma psicologia das operações da mente, mas como isso que se passa pode acontecer, quais são as condições *a priori*, independentes da experiência efetiva, necessárias.

Por vezes utilizado em um sentido próximo de *a priori*, "transcendental" é mais específico, indicando nosso modo de conhecimento. Visa a originalidade da própria empresa kantiana: um retorno reflexivo sobre os poderes da mente na medida em que constitui a legalidade dos fenômenos. A crítica leva, então, à "filosofia transcendental" que elabora as condições de possibilidade do conhecimento como a preparação negativa para ele.

A análise das condições de possibilidade da experiência, à qual se dedica Kant, é, antes de tudo, uma análise da experiência, isto é, uma decomposição de seus elementos e de sua função específica. Essa abordagem reflexiva foi criticada algumas vezes porque, ao se limitar à questão do método, se concentraria muito exclusivamente nos instrumentos do conhecimento e na dimensão subjetiva deste, abandonando a "realidade" do conhecimento. Hegel, particularmente, rejeita essa maneira de se voltar sobre seus instrumentos, no caso as faculdades do espírito, para enumerá-los e isolá-los.[8] É como se, escreve Hegel com perfídia, se quisesse aprender a nadar antes de entrar na água. Em outras palavras, querer estabelecer uma "teoria do conhecimento" que torne possível o conhecimento é se fechar em um círculo que nos força a conhecer antes de conhecer; se a "teoria do conhecimento" ou a "crítica" pretende nos fornecer os critérios do conhecimento, donde tiraremos os critérios que nos garantam que essa teoria vale alguma coisa? O percurso que busca critérios é abstrato e circular, desvia-nos do conhecimento em lugar de nos conduzir a ele. É preciso se jogar na água e ver se afundamos ou se conseguimos nos sair bem.

Essa contestação a respeito do processo mesmo da crítica teve uma forte incidência na rejeição do kantismo até o século XX. Duas das filosofias que marcaram o fim do século a retomam de maneira substancial, embora elas se oponham radicalmente. Habermas faz suas, para prolongá-las, as análises de Hegel propondo um modelo dialético do conhecimento integrado a uma teoria crítica da sociedade, que se sobrepõe ao modelo kantiano da crítica.[9] Para ele, a crítica não deve se deter no conhecimento teórico, mas deve, igualmente, levar em conta (e denunciar) as representações ideológicas que subentendem esse conhecimento. Gadamer, por seu turno, rejeita a idéia mesma de crítica em proveito de uma experiência hermenêutica mais radical, anterior às distinções entre o sujeito e o objeto e às construções de saberes objetivos.[10]

---

8. Hegel, *Fenomenologia do espírito* (1807), introdução. [Ed. bras.: *Hegel*, trad. de Henrique C. de Lima Vaz, São Paulo, Abril Cultural, 1980. (Coleção Os pensadores)]
9. Jürgen Habermas, *Connaissance et interêt* (1968), Paris, Gallimard, 1976. [Ed. bras.: *Conhecimento e interesse*, Rio de Janeiro, Zahar, 1982.]
10. Hans-Georg Gadamer, *Verité et méthode* (1960) Paris, Seuil, 1996. [Ed. bras.: *Verdade e método*, Petrópolis, Vozes, 1997.]

Ao contrário de Habermas, ele pretende legitimar o preconceito não apenas como inevitável, mas também como algo que permite positivamente a compreensão. Se sua argumentação se relaciona mais especificamente à teoria kantiana da experiência do belo, o modelo de refutação é idêntico: é preciso se deixar levar pela verdade da experiência estética e não analisar as condições que nos permitem ter um juízo de gosto. De um lado e de outro, a reflexão kantiana é apreendida como abstrata, artificialmente separada da totalidade da experiência. Evocar essas objeções dá ocasião para sublinhar como a intenção kantiana é pouco afetada por elas. Com Kant, a filosofia assume a tarefa de compreender o que é, ou, mais exatamente, a tarefa de compreender as produções da mente que aspiram valer como verdade (a ciência), bondade ou justiça (a moral comum) ou beleza (a arte). Não se trata de se fechar em um círculo de pressuposições, mas sim de proceder a uma espécie de ascese reflexiva, elevando-se de operações efetivas a seus constituintes, contrariamente à tendência espontânea da consciência, que vai diretamente às coisas. Essa idéia de filosofia é solidária a uma concepção original de subjetividade, freqüentemente ignorada pelos adversários do kantismo. Buscando reintegrar a subjetividade em uma totalidade (hermenêutica ou dialética), pretende-se deslegitimar a própria crítica como exercício do juízo.

7. Pensar, julgar

A crítica kantiana se relaciona à atividade de julgar em diferentes domínios. "Crítica" é um decalque do grego "*krisis*" (juízo), "*krinein*" (julgar). O juízo é um colocar em relação. A crítica kantiana se propõe julgar nosso poder de julgar, isto é, nosso entendimento, se propõe interrogar o que nos permite interrogar a nós mesmos, se propõe, em suma, voltar-se para as condições subjetivas do conhecimento.

Se a atenção de Kant se volta de maneira preponderante para as atividades do sujeito, é porque o pensamento aí se exerce. Pensar não é classificar em categorias, mas julgar, ligar em conjunto dois elementos ou separá-los. O resultado dessa ligação é um *conceito*. Kant privilegia o juízo porque ele exprime a atividade própria do pensamento. Ele indicou desde muito cedo a anterioridade do juízo em relação ao conceito que resulta de um ato de julgar. A mente é ativa tanto quando determina um dado, como quando reflete sobre esse dado. Desde seu estudo de 1762 sobre "a falsa sutileza das quatro figuras do silogismo"[11], Kant define o juízo como uma comparação:

> Julgar é comparar a uma coisa alguma coisa tomada como um caráter. A própria coisa é o sujeito, o caráter é o predicado. A comparação se exprime pela cópula *é* ou *são* que, quando utilizada de modo simples, designa o predicado como um caráter do sujeito, mas, se acompanhada do sinal da negação, apresenta o predicado como um caráter oposto ao sujeito. (II, 47)

Essa comparação é o momento essencial na produção de conceitos. Um conceito resulta, assim, de duas operações: a reflexão de diversas representações na unidade de uma consciência e a abstração das características que

---

11. O "silogismo" é um raciocínio formal que deve comportar: 1) uma regra universal (todos os homens são mortais), 2) uma proposição que subsume um caso a essa regra (Sócrates é um homem), 3) uma conclusão que afirma ou nega o predicado da regra (ser mortal) em relação ao caso subsumido (Sócrates): Sócrates é mortal. O silogismo deduz uma conclusão de duas "premissas" que são as duas proposições preestabelecidas. Ver a *Lógica* de Kant, §§ 56-80 (IX, 120-31).

distinguem essas representações entre si (IX, 94). Pensamento, juízo e reflexão se articulam no quadro de uma lógica que põe à frente a espontaneidade da mente. É por isso que Kant atribui à reflexão "a ação interior" pela qual "um conceito (um pensamento) é possível" (VII, 134). O conhecimento consiste em juízos; a comparação que eles operam se completa pela reflexão, a saber, "a conciência da atividade que compõe a multiplicidade da representação segundo a regra de sua unidade, isto é, o conceito e o pensamento em geral (diferente da intuição)" (VII, 141). O juízo que constitui o conceito repousa sobre sua função de unidade, mas esta é relacionada, antes de tudo, à atividade da mente. Julgar é refletir em ato, e conceber supõe o ato da reflexão que completa o juízo. A coerência da definição lógica do juízo agora aparece em sua plenitude:

> Um juízo é a representação da unidade da consciência de diferentes representações, ou a representação de suas relações enquanto estas constituem um conceito. (IX, 101)

Dessa lógica centrada no juízo, a *Crítica da razão pura* oferece uma interpretação transcendental que relaciona o ato de julgar à atividade sintética do entendimento puro:

> Todavia, se em cada juízo investigo mais exatamente a referência de conhecimentos dados [...] vejo que um juízo não é senão o modo de levar conhecimentos dados à unidade *objetiva* da apercepção. Nos juízos, a partícula relacional "*é*" visa distinguir a unidade objetiva de representações dadas da unidade subjetiva. Com efeito, tal palavrinha designa a referência dessas representações à apercepção originária e à sua *unidade necessária*, embora o próprio juízo seja empírico e por conseguinte contingente. (B 141-2)

A insistência na unidade do juízo e na síntese indica claramente que o alvo da crítica kantiana é a unidade da experiência, e não uma enumeração aborrecida de fatores, de faculdades, de categorias. O próprio Kant assinala isso desde o prefácio: o ponto essencial é a dedução transcendental que permite a compreensão da maneira pela qual é operada a síntese *a priori* na experiência. A fim de compreender em que consiste uma tal "dedução", seguiremos Kant em sua análise detalhada do conteúdo da "caixa de ferramentas" do conhecimento, recordando sempre que é sobretudo a efetivação, o "modo de emprego", que importa. Quais são os meios para chegar a um conhecimento?

8. *Elementos de construção I: o espaço e o tempo*

Kant considera que há duas fontes de conhecimento para o homem: a sensibilidade, pela qual recebe as impressões sensíveis, e o entendimento, pelo qual produz os pensamentos. Uma nos fornece as intuições, a outra os conceitos. Para que os conceitos nos ensinem alguma coisa, para que não sejam vazios e inúteis por serem puramente formais, é preciso que se possa ligá-los a uma intuição sensível. O problema é que essa intuição sensível particulariza nosso conhecimento, que perde, então, suas características de necessidade e universalidade. Para preservar a necessidade do conhecimento, ocorre a Kant mostrar que uma intuição sensível pode ela também ser *a priori*. É este o caso, explica ele, quando se separa claramente a forma pura da intuição de todo conteúdo sensível particular e de toda concepção do entendimento.

Antes de expor a organização intelectual do conhecimento em sua relação com a sensibilidade, Kant opera aqui uma inovação maior ao isolar uma teoria das formas da sensibilidade *a priori* que ele chama de "estética transcendental": *estética* porque é uma teoria da sensibilidade (do grego *aisthesis*, sensação), em um sentido diferente da teoria do belo, que é mais comumente chamada de "estética"; e *transcendental*, uma vez que só se retém aqui o modo de acesso do sujeito ao conhecimento enquanto conhecimento sensível. Existem, segundo Kant, duas formas a *priori* da sensibilidade: o espaço e o tempo. O espaço não é em si mesmo empírico, no sentido de que seria preciso ter a experiência do espaço para conceber suas características; ele é, ao contrário, a condição mesma de toda apreensão da exterioridade. Tenho a intuição da diferença de lugar, do diante, atrás, mais acima, mais abaixo, porque tenho a intuição de um espaço em geral, ou, antes, porque toda intuição de um objeto externo que eu possa ter pressupõe em todos os casos a exterioridade recíproca das partes que intuo em um espaço. Se é assim, é porque o espaço não é um conteúdo particular de minha intuição sensível; ele não é o resultado da coleção de objetos dotados de figura e de extensão dos quais eu teria sucessiva ou simultaneamente a experiência, mas está envolvido em toda intuição particular. Se o espaço não está ligado ao que Kant chama de "matéria" da sensação, isto é, o conteúdo que me afeta, é porque diz respeito à forma de minha intuição. O espaço é para o sujeito, independentemente de qualquer experiência, como a apreensão em geral de uma "grandeza infinita dada" que permite, ao sujeito, conceber distinções. Mas a maneira pela qual o espaço me é dado de uma só vez em toda intuição é incomensurável com toda a somatória de suas partes.

A espacialidade é assim deslocada: ela não é uma característica das coisas que ocupam um lugar, como na concepção aristotélica, mas uma determinação subjetiva. Para que alguma coisa me apareça "no" espaço, basta que eu tenha a intuição dela, já que uma das duas formas de minha intuição sensível é o espaço. A outra forma é o tempo, que tem uma função comparável. Para Kant, o tempo é a forma do sentido interno. A esse título, o tempo é a condição dada *a priori* da percepção: toda intuição se apresenta para mim sob a forma da sucessão, da qual não posso fazer abstração. Ao contrário, posso buscar suprimir todo conteúdo da intuição, toda intuição particular, mas restará sempre a forma mesma do tempo como o que torna possível a sucessão das representações em mim. O tempo não está ligado ao movimento, como pensava Aristóteles, qualificando-o de "número do movimento" (*Física*, IV, 219b); ou seja, ele não é solidário com uma cosmologia, tornando-se, para Kant, uma simples condição formal da intuição sensível. Tempo e espaço são, portanto, simples formas da intuição, mas formas *a priori*, sempre implicadas em cada intuição particular, uma vez que dizem respeito à possibilidade mesma da intuição sensível de seres finitos e racionais como os homens.

Essa concepção é espantosa e econômica ao extremo. Poder-se-ia, com efeito, falar indefinidamente sobre o que é o tempo "em si", enumerando certas características definidoras, comparando-o e relacionando-o à eternidade ou a seu fim. Os filósofos não deixaram de consagrar horas e páginas a isso. Kant absolutamente não se coloca a questão. Ou melhor, responde que o problema não está em saber o que pode "ser" o tempo, mas unicamente: o que é o tempo para nós? Há aí uma restrição sensível do campo de interrogação filosófica que desloca consideravelmente os problemas, pois a expressão "para nós" não poderia conter a questão do que pode ser "em si" o tempo, tomado como abstração metafísica ou como uma "realidade" física com os mesmos direitos que os corpos sensíveis. O mesmo vale para o espaço: não é nem o espaço qualitativo da cosmologia antiga, que atribuía a cada "coisa" seu "lugar" próprio em direção ao qual cada uma tende "naturalmente", nem a simples extensão abstrata dos geômetras, que os filósofos da Idade Moderna, seguindo Descartes, imaginavam; é unicamente o que está implicado em toda intuição externa, aquilo sem o que eu não teria intuição de nada fora de mim. Passa-se de uma concepção do espaço e do tempo como *existente* ou como *categoria* – presente, por exemplo, em Aristóteles (*Categorias*, 9, 11b10) – a uma simples forma. Kant sustenta a tese bastante provocativa da idealidade do espaço e do tempo: eles não têm sentido algum a não ser em relação a nossa experiência.

Ao mesmo tempo, essa redução drástica não gera uma psicologização do espaço e do tempo, que poderiam então depender da particularidade de cada sujeito, partilhando de sua contingência e de seu caráter lábil. Enquanto formas *a priori* da intuição sensível, eles garantem a universalidade e a necessidade formal da apreensão sensível. A estética assim entendida permite, notadamente, que se dê conta das proposições da geometria como sendo ao mesmo tempo sintéticas e *a priori*. Sem recorrer à intuição, não se pode alcançar uma síntese, mas com uma intuição empírica corre-se o risco de produzir apenas uma proposição *a posteriori*. Ora, considerando o espaço uma forma *a priori* da intuição, Kant detém justamente uma solução para o estatuto da geometria. Os objetos da geometria, linhas, pontos, triângulos e retângulos, são diretamente dados na intuição formal e são, assim, suscetíveis de participar de juízos sintéticos.

A subjetivação do tempo e do espaço desloca a universalidade para o lado das estruturas formais de apreensão do sujeito exprimindo fortemente a finitude deste, uma vez que a intuição sensível é a marca de sua passividade e de sua receptividade. Uma conseqüência decisiva dessa operação é a colocação da questão sobre o ser das coisas em segundo plano. Pelo simples fato de sua intuição sensível estar limitada a essas duas formas *a priori*, o sujeito do conhecimento só pode ter acesso a fenômenos, isto é, ao que aparece sob a dupla condição da espaço-temporalidade, e jamais ao que as "coisas" poderiam ser "em si", fazendo abstração de suas limitações. Um conhecimento que saltasse por cima dessas condições subjetivas seria puro fantasma, uma vez que é impossível para mim representar o que quer que seja fora do espaço e do tempo. Os discursos sobre os anjos, os puros espíritos, a linguagem mental ou outras coisas equivalentes são considerados como nulos. Um exemplo do que fica excluído com essa decisão é dado pelo pequeno escrito sobre "O fim de todas as coisas", no qual Kant discute as representações apocalípticas de certas seitas milenaristas do protestantismo. A representação de um "fim dos tempos" é simplesmente absurda e contraditória, na medida em que só posso representar uma coisa na intuição segundo a forma *a priori* do tempo e, portanto, na sucessão – uma sucessão sem "fim".

Toda *representação* (pela qual alguma coisa aparece em geral a uma consciência) supõe, assim, a forma pura da intuição. É por isso que, no plano do conhecimento, o ser se reduz à representação:

> Quisemos, portanto, dizer que toda nossa intuição não é senão a representação do fenômeno; que as coisas que intuímos não são em si mesmas tal qual as intuímos, nem que suas relações são em si mesmas constituídas do modo como nos aparecem.

Em outras palavras, prossegue Kant em suas primeiras observações gerais sobre a "Estética transcendental":

se suprimíssemos o nosso sujeito ou também apenas a constituição subjetiva dos sentidos em geral, em tal caso desapareceriam toda a constituição, todas as relações dos objetos no espaço e no tempo e *mesmo o espaço e o tempo*. Todas essas coisas enquanto fenômenos não podem existir em si mesmas, mas somente em nós. (B 59)

A constituição do sujeito é *a priori*, tal que tudo para ele é fenômeno, particularizado sob a forma universal da apreensão sensível. As conseqüências desse deslocamento são consideráveis. Pode-se considerar que Kant dedica o restante de sua obra a deduzi-las. Todos os tipos de questões se tornam de uma só vez ociosas. Kant inclui em sua reflexão a hipótese de uma "coisa em si" que o fenômeno manifestaria, mas não é pouco que esta coisa em si seja excluída do domínio da experiência e do conhecimento. O fenômeno, que é aquilo de que podemos ter experiência, não é, entretanto, uma simples aparência. Ele é tão dado e objetivo quanto a "coisa" pode ser, já que provém da colaboração regrada de nossa receptividade sensível e de nosso entendimento, e não de uma produção nossa, como seria uma ilusão. Classicamente, o modelo do "fenômeno" era o arco-íris, do qual se sabe que é constituído de simples gotas de água que o sol irisa, cuja "aparência" é claramente distinta de sua "natureza"; o "fenômeno" era, assim, um meio termo entre a "ilusão", à qual não corresponde nenhuma realidade, e a substância.[12] Kant aplica o modelo do arco-íris, isto é, do fenômeno, à apreensão de toda a realidade, uma vez que não se pergunta sobre uma natureza ou substância dos fenômenos, sobre o que seria a "coisa" para além de seu modo de aparição sensível. Como para o arco-íris,

---

12. Em Leibniz (por exemplo na carta a Arnauld de 9.10.1687, *Philosophische Schriften* [*Escritos filosóficos*], ed. Gerhardt, II, p. 119).

o ponto de vista subjetivo está implicado na constituição da aparência.

A dignidade ontológica dos fenômenos é, portanto, a mesma; eles são, tanto uns como outros, objetos de nossa experiência, nada mais, nada menos. Uma árvore percebida através de minha janela possui, dessa perspectiva, o mesmo estatuto fenomênico que minha própria mente quando procuro ter dela uma intuição, uma vez que esta só pode ser produzida segundo o tempo, na sucessão das representações. O sentido interno não possui, desse ponto de vista, nenhum privilégio em relação ao sentido externo: ambos nos oferecem apenas fenômenos. Nenhuma posição particular permite ao sujeito estar mais perto de si mesmo do que de um outro fenômeno. Ele é – e isso é apenas uma conseqüência da decisão de localizar uma "estética transcendental" no limiar da teoria do conhecimento – para si mesmo como um outro, para retomar o título do livro de Paul Ricoeur dedicado ao problema da relação consigo.[13] A "revolução copernicana" instituída por Kant não se contenta em resolver um certo número de dificuldades relativas ao conhecimento deslocando o problema do lado das estruturas subjetivas *a priori*, ela também problematiza radicalmente a noção mesma de subjetividade, da qual propõe uma acepção inédita. De acordo com o peso relativo que se atribui a essa doutrina no interior do sistema kantiano, obter-se-á leituras sensivelmente diferentes, desde a supervalorização heideggeriana da finitude implicada na doutrina da "estética transcendental", passando por sua relativização, até sua extenuação no neokantismo do fim do século XIX, com autores como Hermann Cohen[14], como logo se verá ("Duas interpretações", p. 82-8).

---

13. Paul Ricoeur, *Soi-même comme un autre*, Paris, Seuil, 1990.
14. Hermann Cohen (1842-1918), o principal responsável pela renovação do kantismo no século XIX.

9. Elementos de construção II: as categorias

Além da intuição, da qual Kant estabelece a irredutibilidade, a outra fonte de nossos conhecimentos é o entendimento, a faculdade dos conceitos. Pelas mesmas razões pelas quais, na "estética transcendental", fez a exposição da intuição *a priori* do espaço e do tempo, preocupa-se sobretudo com os conceitos *puros* do entendimento, que ele denomina categorias. A maior parte de nossos conceitos são empíricos, extraídos da experiência, e recebem do entendimento uma forma geral. No entanto, Kant se concentra aqui nos conceitos que não têm origem na experiência, mas permitem, ao contrário, estruturar aqueles de maneira *a priori*.

O exame dessas categorias e das condições de sua aplicação constitui uma lógica original que Kant distingue da lógica formal, a qual simplesmente expõe a forma do pensamento em geral. Essa nova lógica diz respeito ao conhecimento *a priori* dos objetos; Kant a chama, por isso, de "lógica transcendental", uma vez que ela trata daquilo que podemos saber dos objetos independentemente da experiência, a partir das condições subjetivas da apreensão deles.

Partindo do conhecimento efetivo, Kant opera uma ascensão do objeto constituído no saber científico (por exemplo, um corpo que possui um peso determinado) às condições da objetivação. A reflexão filosófica se relaciona com as leis de constituição dos objetos. A "analítica transcendental" trata da reconstituição desse percurso, no qual estão implicados a sensibilidade e o entendimento, assim como a imaginação, que permite a articulação dos outros dois. A analítica detalha os elementos requeridos para o conhecimento em uma parte dedicada aos conceitos que estabelece, igualmente, sua aplicabilidade à intuição, e, depois, o princípio de sua síntese em uma parte que trata dos juízos. Esse conjunto se relaciona ao funcionamento *a priori* do conhecimento efetivo. Ele é completado por um estudo crítico dos erros da razão quando ela sai dos limites de seu uso legítimo, o que Kant designa como a "dialética transcendental" ou lógica da aparência.

Se a mente humana é passiva da perspectiva da sensibilidade, em relação ao entendimento ela é ativa. Se a sensibilidade é nosso único modo de conhecimento intuitivo, o entendimento não procede intuitivamente, mas discursivamente, de maneira mediata, por meio dos conceitos. Um conceito é a apreensão de um diverso em uma unidade. Enquanto atividade, os conceitos repousam sobre funções da mente na ocasião do ato de unificação. O conceito não produz por si só nenhum conhecimento, para isso ele deve ser retomado em um juízo que o relacione a uma outra representação, intuitiva ou conceitual.

O juízo é uma representação de representação. Ele produz um conhecimento ao aplicar um conceito, mas é também ele que produz os conceitos. Se consideramos aqui os conceitos de início analiticamente, antes dos juízos, também se poderia proceder de maneira inversa. Pois são as operações da mente, isto é, os juízos, que, através de suas funções, os conceitos, são essenciais. Eis por que o entendimento pode ser também apresentado tanto como a faculdade dos conceitos, quanto como o poder de julgar.

Interessado em distinguir os conceitos mais universais que participam *a priori* da experiência, Kant se esforça para produzi-los a partir das funções do entendimento, operando diversamente a unidade dos juízos. As "categorias", das quais Kant se vangloria de ter estabelecido as tábuas, são também em princípio tiradas das operações do juízo. Elas intervêm quando se trata não mais de juízos de percepção simplesmente subjetivos (quando, por exemplo, comparo duas percepções à consciência de meu estado particular, preferindo uma à outra), mas dos "juízos de experiência", formados a partir de percepções e aspirando à objetividade.

Os juízos de experiência supõem que minha mente julgou independentemente da percepção particular, só em relação a suas próprias formas universais e necessárias. O entendimento antecipa a percepção modelando-a ou preformando-a de acordo com suas categorias. A unificação do juízo é operada não por minha consciência psicológica particular, tomada em uma disposição determinada, mas por uma consciência em geral, a atividade do entendimento em sua legalidade universal. O entendimento unifica um diverso sob a condição de uma apercepção universal: um ato efetuado com consciência, do qual *me apercebo*, corresponde ao caráter regrado do entendimento. Não apenas somos levados a supor no entendimento (como em qualquer coisa da natureza) uma *legalidade*, isto é, uma atividade segundo regras, mas ele é a própria faculdade das regras em geral, uma vez que pensar é também submeter representações a regras.

Esses juízos de experiência, os únicos com os quais se ocupa a *Crítica da razão pura*, são chamados por Kant de "juízos determinantes", no sentido de que fazem uma intuição sensível indeterminada passar *sob* a unidade de um conceito (eles a *subsumem*, para usar um termo técnico).

A experiência é constituída objetivamente pela aplicação de conceitos puros do entendimento ou categorias ao diverso da sensibilidade *a priori*, tal como a intuição sensível lhe fornece. Essas categorias, cujo "sistema" Kant pensava ter exibido, substituindo assim a desordem que, na sua opinião, reinava nesse domínio desde Aristóteles[15],

---

15. Aristóteles, em suas *Categorias*, compreendidas como gêneros do ser e não formas do pensamento, introduzira, ao lado de determinações do

são as regras fundamentais da experiência. Toda objetividade deve ser constituída pelo uso de uma ou de outra dessas funções de unidade.

CATEGORIAS MATEMÁTICAS	QUANTIDADE	Unidade
		Pluralidade
		Totalidade
		Realidade
	QUALIDADE	Negação
		Limitação
CATEGORIAS DINÂMICAS	RELAÇÃO	Inerência/ Subsistência
		Causalidade/ Dependência
		Comunidade (ação recíproca)
	MODALIDADE	Possibilidade/ Impossibilidade
		Existência/ Não-existência
		Necessidade/ Contingência

Assim como o juízo que determina uma intuição sensível sob o aspecto da quantidade pode ser universal (todos os homens são mortais), particular (um homem é

---

pensamento – como quantidade, qualidade, substância –, determinações claramente emprestadas da experiência, como o lugar, a posse ou a privação, a ação ou a paixão (*Categorias*, cap. 9; edição francesa traduzida por Tricot, Paris, Vrin, 1959).

mortal) ou singular (Sócrates é mortal), os conceitos que os tornam possíveis são a unidade, a pluralidade e a totalidade, que qualificam o sujeito do juízo; da mesma maneira, segundo a qualidade, o juízo afirmativo colocará a realidade, o juízo negativo sua negação, o juízo indefinido sua limitação: a coisa existe com sua negação. Esses dois primeiros conjuntos dizem respeito a objetos tomados em si mesmos, enquanto a relação e a modalidade indicam relações entre os fenômenos constituídos, ao mesmo tempo sob um modo objetivo (para a relação) e relativamente a nossa faculdade de conhecer (para a modalidade). As primeiras categorias são matemáticas, as segundas dinâmicas, uma distinção cuja verdadeira importância se mostrará na determinação da experiência (ver mais adiante "O entendimento da natureza", p. 78-82).

As categorias são organizadas em tríades; Kant salienta que o terceiro termo sintetiza os dois primeiros, como se houvesse uma lógica funcional própria a sua divisão. Essa observação foi explorada pelos sucessores de Kant, Schiller[16], mas sobretudo Fichte[17] e Hegel, em um sentido genético ou histórico: a terceira categoria aparece doravante como *resultando* das precedentes. Hegel, particularmente, verá aí uma antecipação formal da dialética dos conceitos.

Se todo conhecimento, aí incluído o conhecimento da natureza, passa necessariamente pelas categorias, é porque elas permitem antecipar *a priori* sua legalidade.

---

16. Friedrich von Schiller (1759-1805), um dos grandes poetas modernos da Alemanha, amigo de Goethe, dramaturgo autor de *Os bandoleiros* e *Don Carlos*, foi também um leitor atento de Kant e um filósofo original no domínio estético. Ver suas *Cartas sobre a educação estética do homem* (1795).

17. J. G. Fichte (1762-1814), filósofo que tentou prolongar a filosofia kantiana rumo a um idealismo prático. Os fundamentos de seu sistema se encontram nos *Princípios fundamentais da doutrina da ciência*.

Em outras palavras, "o entendimento não tira suas leis da natureza, ele as prescreve" (*Prolegômenos* IV, 320). O sistema das categorias contém, assim, virtualmente a inteligibilidade de toda experiência possível. Segundo uma comparação oferecida nos *Prolegômenos* (§ 39), as categorias constituem uma "gramática" da experiência, fornecendo *a priori* as leis que tornam possível um conhecimento válido objetivamente. Ali onde "acreditamos constatar uma ausência de regras, podemos apenas dizer que, neste caso, as regras nos são desconhecidas" (IX, 11), como precisa o curso de *Lógica*:

> Fala-se, assim, também sem conhecer a gramática; e aquele que fala sem conhecê-la na realidade tem uma gramática e fala segundo regras, das quais, simplesmente, não tem consciência. (IX, 11)

Kant estabeleceu efetivamente que o entendimento, analisando suas operações, pode separar conceitos puros, assim como a sensibilidade nos apresenta dados puros, porque unicamente formais, da intuição. Mas como estabelecer a ligação entre eles? Como passar de "princípios da experiência possível", que são as categorias, às "leis universais da natureza"? Trata-se de considerar que a legalidade do entendimento se encontra também nos fenômenos.

10. Modo de uso I: as sínteses

É conveniente reconstituir agora a unidade do juízo de experiência que, por necessidade de análise, foi decomposta em seus elementos: a intuição sensível de um lado, o entendimento de outro. O juízo foi, de fato, desde o início, pressuposto em sua unidade, uma vez que os conceitos são realmente apenas funções da unidade que ele produz entre as representações, e os conceitos puros do entendimento elevam essa unidade à universalidade.

Nesse estágio, é decisivo para a filosofia transcendental esclarecer ainda dois problemas: como o entendimento e a sensibilidade podem se unir em uma síntese se eles são heterogêneos? Como se opera o ato mesmo do juízo? Para estabelecer a ligação entre o diverso da intuição sensível, que marca nossa receptividade, e o entendimento, pelo qual se afirma nossa espontaneidade, Kant, embora tenha dito (no fim da introdução da *Crítica da razão pura* A 15/B 29) que só há duas fontes de conhecimento, introduz uma terceira: a imaginação.

O processo da experiência é retraçado da seguinte maneira: os sentidos estabelecem uma primeira unificação *a priori* do diverso que Kant qualifica de "sinopse" ("visão de conjunto" em grego) usando uma metáfora óptica. É uma "tomada de visão" que obtém uma primeira forma de unidade. Já se opera, no nível da intuição, uma síntese, enquanto "apreensão das representações como modificações da mente na intuição" (A 97).

A imaginação transforma esse material sensível espacializado e temporalizado reproduzindo-o em sua ausência em uma síntese que, em si mesma, é somente "figurada" (*speciosa*): a imaginação apenas reproduz o diverso em uma unidade empírica. Mas aqui o entendimento pode também agir desde já, relacionando esse diverso a uma categoria, em uma síntese doravante "intelectual" e ativa. Essa interação do entendimento e da imaginação apenas é possível porque a imaginação é, em si mesma, dupla: empírica e passiva, quando é apenas reprodutora e opera por simples associações (o que era a concepção preponderante até Kant); transcendental e ativa, quando é produtora e pode cooperar com o entendimento. Essa concepção da imaginação *produtora* é uma das grandes inovações conceituais de Kant. Os poderes de cerco do sensível pelo sujeito são satisfeitos, na medida em que este não é mais um receptáculo de impressões, mas organiza a reunião delas a partir da imagem.

Essa síntese da reprodução na imaginação é, assim, ordenada para um ato do entendimento, a saber, a síntese do *reconhecimento* no conceito. Por ela, a regularidade sensível produzida pela imaginação é *reconhecida* em uma concepção intelectual. Com efeito, a imaginação nos permite enumerar unidades que devem entrar em um número, mas este número só pode resultar de uma síntese: as unidades devem ser colocadas sob uma regra de unidade que é o conceito. O diverso intuído e reproduzido só é suscetível de uma síntese universal e necessária na unidade da regra que a compreende. Mas o reconhecimento na unidade do conceito supõe ele próprio um juízo que implica a unidade de uma consciência.

É necessário distinguir, nesses três momentos lógicos da síntese da experiência, o que será apenas empírico, descrevendo *a posteriori* a efetuação da experiência, e o fundamento *a priori*. Assim, a percepção em seu conjunto "se fundamenta *a priori* na intuição pura" através do tempo como forma de intuição interna (A 115); o trabalho de associação e de reprodução da imaginação se fundamenta, por sua vez, na síntese pura da imaginação produtora; e, enfim, a unidade da consciência empírica, na forma pura transcendental da consciência, o "eu" da apercepção. Este, no alto da pirâmide, é a instância de unificação última das sínteses. Ele garante a unidade em uma consciência onde o "eu" se apercebe de suas percepções.

Se as categorias são funções de unificação dos juízos, donde o próprio juízo retira a sua unidade? A função de unidade do entendimento é o que Kant designa como o "Eu transcendental". A síntese é assumida necessariamente por um sujeito do juízo, mas este é curiosamente reduzido ao mínimo estrito. Para estabelecer a objetividade da experiência, precisamos de uma função lógica que faça a ligação entre os diferentes momentos da apreensão sensível, da reprodução na imaginação e do reconhecimento no conceito. De resto, é essencialmente sobre esta última operação que repousa a legitimidade da explicação kantiana. É nela que tem lugar propriamente a "dedução transcendental", aquela que pode dar conta da aplicabilidade *a priori* das categorias à intuição sensível. O objeto dessa "dedução" (Kant pensa o termo no sentido jurídico de uma legitimação) é, primeiramente, estabelecer se as categorias são aplicadas convenientemente ao diverso e, em segundo lugar, se elas são aplicadas legitimamente. É de acordo com essa última condição que o conhecimento pode ser dito universal e necessário e, assim, pode fundar uma ciência.

A unidade das sínteses da percepção (a única que pode nos apresentar um conceito de objeto) depende necessariamente de alguma coisa que excede a percepção, mas a torna possível. Essa unidade é a unidade da consciência de si, da qual Kant oferece uma definição mínima: é o "eu penso" que, acompanhando toda representação, opera a ligação de todas as representações em uma síntese *a priori*. O "eu penso" constitui a "apercepção transcendental" que torna possível a unificação do entendimento: as percepções e as categorias (entre as quais a de unidade) são sintetizadas por aquilo que no juízo não é uma percepção (é uma "apercepção"), mas torna possível as percepções. Uma categoria não pode intervir em um juízo sem o "eu penso" que opera sua ligação com o diverso. Ela pressupõe já uma ligação. Assim, só há constituição do objeto pelo ato sintético supremo de um sujeito.

Mas, assim como o objeto é apenas o ponto de unidade das sínteses da representação, o que Kant designa por essa razão pela equação "objeto transcendental = x", da mesma forma o sujeito nada mais é do que essa pura função lógica de unidade, ele não tem, enquanto tal, nenhuma densidade psicológica ou metafísica. Objeto e sujeito são, assim, pontos-limites da experiência. Longe de serem planos fixos que possuiriam uma consistência própria, eles nada mais são que as condições de possibilidade da experiência, isto é, da *fenomenalização*. A experiência é tudo aquilo de que se pode falar; sujeito e objeto, ao contrário, escapam ao conhecimento. Na medida em que a unidade do entendimento é produzida pelo "eu", a apercepção transcendental torna possível a ligação *a priori* das representações no fenômeno, pois, se a experiência diz respeito apenas a fenômenos, isto é, a representações subjetivas, é concebível que os conceitos puros do entendimento possam ser aplicados, uma vez que eles condicionam *a priori* a experiência. A relação das categorias com os objetos só é possível *a priori* porque há uma "referência originária" (B 127) das categorias à experiência possível que envolve todos os objetos da experiência. Nada pode ser objeto da experiência fora das determinações categoriais. Qualquer outra suposição arruinaria a necessidade e a universalidade da experiência.

Tendo feito essas distinções, persiste a dificuldade de compreender o encadeamento sintético. Se colocarmos de lado a dificuldade particular no tocante à "sinopse" da intuição pura – da qual se pode perguntar se é operada no nível da estética transcendental e das formas *a priori* da intuição ou já em esboço pelo entendimento[18] –, as duas passagens exigem um esclarecimento: qual é,

---

18. Kant, em uma nota ao § 26 acrescentada na segunda edição (B 160/ B 161), distingue a "forma da intuição", que fornece o diverso, da "intuição formal", que dá a unidade da representação, portanto, uma primeira reunião do diverso que se produz a partir da Estética transcendental. Essa unidade é dita "anterior a todo conceito", entretanto, ela supõe "uma síntese que não pertence ao sentido, mas mediante a qual todos os conceitos de espaço e de tempo tornam-se primeiramente possíveis". De acordo com a ênfase que se colocará na anterioridade dessa reunião em

precisamente, o papel da imaginação? Com efeito, poderia ter-se a impressão de que o problema apenas foi duplicado: como conceber a mediação entre as duas funções da imaginação? Enfim, como se opera *a priori* a síntese das sínteses?

11. Modo de uso II: o esquematismo

A imaginação, no desdobramento de suas funções, tem por tarefa explicar a aplicabilidade das categorias às formas puras da intuição. Com efeito, a heterogeneidade das fontes do conhecimento torna problemática essa ligação da qual depende a estruturação *a priori* da experiência. É o "esquematismo transcendental", produto da imaginação pura, que está incumbido dessa difícil mediação.

"Esquematismo" é tomado aqui em um sentido mais preciso que o da acepção corrente de esquematismo, a saber, uma simplificação aproximativa, entendida, o mais das vezes, em um sentido pejorativo. Trata-se de uma *figuração*, já que o "esquema" é um esboço que pode recobrir várias formas concretas, relacionando-se ao mesmo tempo com o "esquema" científico, pela redução ao essencial, e com o esboço feito a lápis por um pintor, que apreende em alguns traços um movimento, uma forma de conjunto, que permite reconhecer o projeto do artista antes de sua realização.

Se admitimos os diferentes elementos que entram em jogo na síntese do juízo determinante, é precisamente no nível da imaginação que se encontra uma dificuldade imprevista. O esquema deve ser homogêneo tanto na categoria

---

relação ao conceito ou, ao contrário, na antecipação do trabalho do entendimento que é produzido aí, poderá chegar-se a interpretações bem divergentes do conjunto do pensamento kantiano. Por essa razão, essa nota elíptica é um dos pontos mais controversos da interpretação de Kant.

como no fenômeno. É pelo esquema que uma subsunção das intuições sob conceitos puros pelo entendimento é possível. Ele deve dar conta da aplicabilidade deles, problema que não se coloca nem para os conceitos geométricos, construtos da intuição pura, nem para os conceitos empíricos, como o de mesa ou o de cadeira, que são abstraídos da intuição empírica. Kant pretende demonstrar que, para nós, não poderia haver experiência propriamente dita sem o trabalho antecipador do esquema, que fornece uma regra de construção para o dado sensível reproduzido na imaginação. Projetamos uma forma sensível do conceito que o esquema nos permite construir. O esquema do triângulo não é nenhum triângulo em particular, mas a regra segundo a qual a imaginação opera para produzir, na intuição, qualquer triângulo e, assim, aplicar o conceito de triângulo a uma intuição empírica. O esquema é, pois, um método de construção.

Essa regra pode ser aplicada graças à forma pura da intuição que é o tempo. A unidade é completada, no ato do juízo de subsunção, pela temporalização: a aplicação da categoria à intuição só é possível pela entrada em cena do tempo como forma *a priori* da intuição e "condição formal do diverso do sentido interno" (A 138/B 177). A categoria universal se determina ao se restringir temporalmente a um particular. Se consideramos a categoria de causalidade, que não pode ser tomada enquanto tal pela intuição, seu esquema é a sucessão regrada do diverso da sensação: A segue sempre de B.

Produto da imaginação pura *a priori* que age em sua espontaneidade, o esquema é oposto à imagem. Enquanto o procedimento dos empiristas produz um conceito a partir de uma imagem, por abstração, comparação e associação, o esquema provém da aplicação de uma categoria à imagem empírica. É ele que estrutura a imagem, em lugar de ser tirado dela. O conceito empírico, de fato, pode pretender uma certa generalidade, mas não tem por si nenhuma universalidade. A condição mesma de um tal uso de imagens deve ser buscada em um trabalho anterior ao esquematismo transcendental.

Por meio do esquema, o entendimento ultrapassa a sensibilidade com os conceitos puros que são as categorias; ele precisa dela, ao mesmo tempo, para conferir aos conceitos uma significação (B 180). Essa antecipação de um conceito puro do entendimento na síntese da imaginação corresponde ao *trabalho da regra*: a imaginação pura esquematiza as categorias sob a regra. Essas regras são inadequadas à intuição e, portanto, a toda imagem (A 142), mas servem para *enformar* o sensível, isto é, para "construí-lo previamente". Esse "dar forma" supõe que, na sua aplicação, o tempo se determina a partir das categorias (A 145).

Mas as categorias, por sua vez, só ganham sentido por sua restrição ao fenômeno que elas constituem como objeto. O conceito puro só possui significação, portanto, na unidade de uma experiência, pela operação do esquematismo que o sensibiliza e constitui o fenômeno. *O esquema é, assim, a categoria sob a condição do caráter fenomênico, a categoria tomada na experiência.* É, pois, o *uso* das categorias, assim como sua temporalização e sensibilização, que caracterizam o procedimento do esquematismo:

> Queremos denominar esta condição formal e pura da sensibilidade, à qual o conceito do entendimento está *restringido* em seu uso, o *esquema* desse conceito do entendimento, e o procedimento do entendimento com respeito a estes esquemas, *esquematismo* do entendimento puro. (A 140/B 179)

12. Sentido e significação

Essa limitação temporal confere, ao mesmo tempo, uma *significação* à categoria; sem sensibilização, ela estaria desprovida dessa significação. A teoria do esquematismo transcendental fornece não somente uma regra de aplicação de nossas categorias, mas, igualmente, uma teoria da significação. Um conceito geral só tem significado se relacionado a uma intuição particular: ele deve ser sensibilizado e temporalizado, isto é, tornado *fenômeno*. Sem sentido (sensível), não há sentido (significação). Da mesma forma que as regras do entendimento são como uma "gramática", as categorias "servem apenas, por assim dizer, para soletrar os fenômenos para que possam ser lidos como experiência" (A 314; e *Prolegômenos* § 30): elas são como as letras de um alfabeto que só ganham sentido na ligação sintética de um discurso determinado e contextualizado.

Os limites do conhecimento são aqui os limites da linguagem: não posso falar do que está além, e também do que está aquém dos fenômenos. Ou, antes: não posso falar com conhecimento de causa, mas posso sempre falar *simbolicamente*, isto é, indiretamente, utilizando conceitos esquematizados para um outro uso, diferente do uso do conhecimento. A imaginação se apropria disso, compelida por um impulso que pode ser compreendido subjetivamente, mas não pode ser acompanhado objetivamente. Esses domínios são deixados ao mito, à religião, à literatura, que têm o direito de suspender a referência. Mas caso se queira que a linguagem tenha "sentido e significação" (B 149), a significação remetendo aqui à referência objetiva (à objetividade constituída pelas sínteses do conhecimento), nossos conceitos devem ser relacionados a uma intuição sensível e empírica:

Por isso se requer também *tornar sensível* um conceito abstrato, isto é, mostrar na intuição o objeto correspondente a ele, porque, sem isso, o conceito permaneceria (como se diz) privado de sentido, isto é, de significação. (A 240/B 299)

O que vale também para a linguagem em seu funcionamento mais cotidiano. O léxico e as regras gramaticais não permitem que apenas por si produzam uma significação. O discurso ganha um sentido em um contexto, quando está relacionado a ações e a uma situação definida: a expressão francesa *"monter le plateau"* pode assumir significações diferentes de acordo com a situação: caso se esteja em um passeio no campo, será "subir (*monter*) do vale ao planalto (*plateau*)"; em um restaurante, "levar ao andar de cima (*monter*) uma bandeja (*plateau*)"; caso se fale de um filme que está sendo rodado, "elevar (*monter*) o lugar (*plateau*) onde se está rodando o filme". A cada vez, *"monter"* e *"plateau"* vêem suas possibilidades de significação se restringirem, mas também, em cada uma delas, vêem essa significação se realizar.

Ainda que Kant não tenha explicitado as implicações semânticas de sua teoria do conhecimento, elas são consideráveis. Particularmente a insistência dele na necessidade de operar uma ligação entre as intuições "cegas" e os conceitos "vazios" para produzir uma experiência, isto é, para dar sentido ao sensível, fazer o fenômeno falar, supõe uma concepção da linguagem articulada em torno da invenção do discurso singular, assim como sua concepção da razão está centrada em torno da atividade do juízo. Num e noutro caso, é sempre um sujeito que age, é sempre para um sujeito que há "experiência" e "significação". Uma "característica universal" ou uma gramática do pensamento, como se sonhou e da maneira que a informática tende a realizar, nada mais pode ser que um "pensamento cego", segundo a expressão de Leibniz; o mesmo se dá nos projetos de "lógica formal", de língua universal ou ainda de "lógica especulativa".[19] Para Kant, seja nas matemáticas, que operam "por construção de conceitos" na intuição pura, seja em filosofia, que procede simplesmente "por conceitos", não poderia haver uma formalização do conhecimento e, menos ainda, uma "língua universal". Mais do que um ponto cego em seu pensamento, a linguagem é talvez o objeto de uma reflexão discreta mas pertinente, cujas conseqüências são decisivas e estão ligadas a toda a empresa crítica. Como sugere o filósofo alemão Josef Simon, a linguagem não é mais, para Kant, uma representação das coisas ou dos estados de coisas, mas uma apresentação das concepções que os sujeitos têm, uns para os outros, das coisas e dos estados de coisas. Portanto, a verdade não concerne mais aos estados de coisas e a sua representação no juízo "apofântico" (ou "predicativo"), mas na veracidade da representação para os outros.[20] Com efeito, se não há meio de comparar as esquematizações dos sujeitos (isto é, suas objetivações) com uma "coisa", uma vez que as "coisas" só nos são acessíveis através de nossas esquematizações e jamais independentemente delas (a "coisa em si" não pode ser

---

19. Leibniz havia projetado em vários escritos uma língua universal (gramática filosófica, característica universal) na qual os conceitos seriam designados diretamente por signos, de acordo com o modelo da álgebra. Uma tal língua facilitaria o pensamento e a comunicação de saberes. Esses projetos racionalistas foram bastante numerosos nos séculos XVII e XVIII (ver o panorama estabelecido por Umberto Eco, *A busca da língua perfeita*, Bauru, Edusc, 2001), assim como entre os intelectuais e lógicos por volta de 1900. Essas tentativas não obtiveram nenhum sucesso.

20. Josef Simon, "I. Kant", em T. Borsche (Org.), *Klassiker der Sprachphilosophie* [*Clássicos da filosofia da linguagem*], Munique, 1996, p. 254. Essa interpretação tenta extrair determinadas conseqüências do perspectivismo kantiano acentuando o movimento de "dessubstancialização" do gesto crítico.

conhecida), a única garantia da conformidade intersubjetiva das representações entre si está, pois, no confronto dos discursos. A adequação do juízo à coisa como modelo da "verdade" é abandonada em proveito do acordo provisório dos discursos entre si.

13. O entendimento da natureza

A síntese dos elementos da experiência mostra o entendimento em seu trabalho de organização do dado sensível. Se a sensibilidade é uma das duas fontes do conhecimento, o funcionamento do esquematismo indica como o entendimento está profundamente implicado na formalização do sensível. A "lógica transcendental", que expõe o funcionamento da experiência possível, culmina na apresentação do "sistema de todos os princípios do entendimento puro", que corresponde às "leis universais da natureza" na medida em que estas podem ser conhecidas independentemente da experiência. *A análise do entendimento aparece, então, como uma interpretação da natureza.*

Os princípios da *Crítica da razão pura*, uma vez que esta estuda as condições de um conhecimento possível da natureza na experiência, são necessariamente também os princípios da forma geral da natureza. O que, afinal, é "a natureza"? De um ponto de vista crítico, a natureza só pode ser "a interconexão dos fenômenos quanto à sua existência, segundo regras necessárias, isto é, segundo leis" (A 216/B 263). Assim como o "objeto" não é o que torna possível a "representação", mas o que esta torna possível, da mesma maneira não se pode pôr de antemão uma "natureza" que seria preciso conhecer, uma vez que são as leis *a priori* que tornam possível o objeto "natureza". O funcionamento do entendimento permite, assim, que se resgate o "elemento formal" da natureza.

Vamos lembrar que o esquema estrutura o diverso determinando-o segundo uma categoria, aplicação esta que supunha a homogeneidade da forma temporal da intuição pura. Os "princípios do entendimento puro" mostram, por sua vez, como os esquemas se aplicam aos objetos empíricos. Eles dizem respeito, portanto, essencialmente ao espaço. Dessa maneira fornecem um conteúdo à experiência, sempre dependendo inteiramente de sua estrutura *a priori*. É por isso que correspondem às categorias de que Kant se ocupou na tábua.

Assim, da mesma maneira que o número é o esquema da quantidade, sua aplicação à matéria dos fenômenos corresponde a uma quantificação da intuição, isto é, a uma grandeza extensiva. Enquanto o espaço, como forma da intuição pura *a priori*, é dado em sua totalidade antes de qualquer divisão, o espaço da experiência é quantificado como um agregado de partes. Mas não poderia acontecer o mesmo do ponto de vista da qualidade, que concerne à posição mesma do objeto. Com efeito, parece impossível deduzir a realidade: a exposição do espaço e do tempo na "estética transcendental" exclui inteiramente isso.

Todavia, Kant sustenta que há uma "antecipação" da percepção. Esta não é uma "experiência antes de toda experiência", nem a produção subjetiva da matéria do objeto da experiência, mas é aquilo que se pode conhecer *a priori* desse objeto. Lembremos que a categoria da qualidade é declinada em "realidade" ou afirmação da coisa, "negação" (sua supressão) e "limitação", que é a síntese da posição e de sua negação: o que é, ao ser *negado*, é como que "limitado". Essa categoria interpreta a relação da consciência transcendental com a experiência como a relação de uma estrutura vazia (negação) com a realidade: essa relação consiste na *variação contínua* da sensação. À qualidade da sensação não se pode atribuir uma quantidade discreta, mas, levando em conta sua variabilidade constante, pode-se atribuir uma *grandeza intensiva*, um grau maior ou menor. Quaisquer que sejam a experiência e a intensidade da sensação que se manifestará nela, esta sensação estará necessariamente compreendida entre 0 e uma grandeza X. Desta perspectiva não há "experiência". Em contrapartida, toda sensação – ou, dito de outra maneira, a parte de realidade de todo fenômeno, ou, ainda, o que no fenômeno não é constituído pelo sujeito – tem um *grau*: mais ou menos vermelho ou verde, mais ou menos quente ou frio. Pode-se dizer que todos os fenômenos são "grandezas contínuas" e que a consciência pode antecipar (somente) esta qualidade assim como a existência de um grau. Não se poderia tratar de antecipar a qualidade mesma da sensação, somente a sensação enquanto participante de um fenômeno, do qual apenas a experiência pode determinar o grau. Essa abordagem qualitativa remete à natureza como a um conjunto de forças possíveis, das quais o grau permite medir a intensidade.

Mas o entendimento pode avançar também sobre o terreno da relação dos fenômenos entre si, o terreno das categorias dinâmicas. A experiência supõe a representação de uma ligação necessária das percepções, ligação essa que é produzida no tempo. É, pois, de acordo com os três modos do tempo (permanência, sucessão, simultaneidade) que vão ser constituídas o que Kant chama de "analogias da experiência". Uma analogia é uma igualdade de relações tal como A/B = B/C. Nesse caso, o quarto termo da relação (aqui "C") não é determinado: apenas a experiência é capaz de fazê-lo, em conformidade com a regra fornecida pela analogia. A experiência é possível enquanto conjunto de forças reais em relações de inerência, de dependência ou de reciprocidade de sua ação; no tempo, essas relações fundam as relações de substância (a duração como permanência da substância), de causalidade (a sucessão) e de comunidade (na ação recíproca das substâncias enquanto simultâneas). Sem entrar no detalhe dessas análises freqüentemente difíceis (e a língua de Kant se torna mais áspera quando ele aborda esses aspectos), reter-se-á que tudo da experiência que pode ser conhecido e construído *a priori* é aqui reunido em uma totalidade que culmina nos "postulados do pensamento empírico", determinando a modalidade própria das análises precedentes: o que está de acordo com as condições formais da experiência é *possível*, trata-se da intuição e das categorias; o que corresponde às condições materiais da experiência, ou, dito de outra forma, a sensação, é *real*; e, por fim, o que concorda com o real estando ao mesmo tempo determinado segundo as condições gerais da experiência é *necessário* (A 218/B 266).

Porque a experiência parece enormemente predeterminada pelos princípios do entendimento puro e pelas sínteses *a priori* do sujeito transcendental, porque a parte propriamente "empírica", ligada à experiência efetiva, parece reduzida à porção côngrua, Kant junta à exposição da *Crítica da razão pura*, na segunda edição, uma "refutação do idealismo". Trata-se de desfazer os possíveis malentendidos, que aproximariam a filosofia transcendental, voltada para a análise de nossos poderes de conhecimento, de posições que encerram toda a experiência no sujeito do conhecimento, fazendo do mundo fenomênico um sonho bem regrado. Kant explica nesse texto que, para que o sujeito tenha consciência de si mesmo, ele deve necessariamente se relacionar com uma objetividade, já que a estrutura relacional da consciência o impede de se isolar em uma interioridade, escapando às leis do mundo fenomênico. O sujeito não atinge a si mesmo *antes* de atingir as coisas, e sim *nas* coisas, mais precisamente nos fenômenos dos quais constitui a objetividade ao mesmo tempo em que reconhece neles sua subjetividade em ação.

Uma vez que a consciência que tenho de minha existência no tempo está ligada à consciência de uma relação com alguma coisa fora de mim, o idealismo "transcendental" de Kant é inseparável do empirismo dos fenômenos.

14. Duas interpretações

Kant considerou bom limitar uma interpretação "idealista" de seu pensamento: é sinal de que uma tal interpretação era no mínimo possível. Com efeito, a leitura da *Crítica* pode receber diferentes acentos; notadamente, de acordo com a importância atribuída aos princípios do entendimento na economia da experiência, dar-se-á maior ou menor crédito à interpretação "idealista". Constatamos, com efeito, que o tratamento dos esquemas na concepção da experiência possível tendia a relativizar o papel da "estética transcendental". Podemos nos interrogar, particularmente, sobre a autonomia da sensibilidade desde o momento em que se descobre nela o entendimento e suas categorias em operação. É forçoso concluir disso que o modo de apresentação da *Crítica da razão pura*, que coloca no início a exposição do espaço e do tempo como formas *a priori* da sensibilidade, é enganoso, deixando em aberto a possibilidade de um equilíbrio entre as "duas fontes" do conhecimento: sensibilidade e entendimento? Se o entendimento invade a sensibilidade, como a progressão das análises sugere e como as correções ou precisões acrescidas por Kant na segunda edição de seu texto confirmam, o que é feito da "paridade" das duas fontes do conhecimento?

Duas interpretações diametralmente opostas sobre esse ponto se confrontam, uma privilegiando a irredutibilidade da sensibilidade, como marca da finitude da razão humana, a outra, ao contrário, tendendo a radicalizar a lógica da "analítica dos princípios".

Para a primeira dessas interpretações, a de Heidegger em seu livro *Kant e o problema da metafísica*[21], a grande invenção de Kant está na hipótese levantada furtiva e misteriosamente de uma "raiz comum", mas escondida, dessas duas "fontes do conhecimento": a imaginação. Notando que Kant introduz o estudo do funcionamento do esquematismo pela idéia de que a imaginação seria uma terceira fonte do conhecimento, enquanto anteriormente ele invocara apenas duas, Heidegger perscruta a imaginação no sentido de uma reunião que escapa ao entendimento sintético e remete, antes, ao tempo. Observando que a imaginação tem por função reunir a intuição sensível e o entendimento (A 50/B 74; A 294/B 350), ele empreende ultrapassar a distinção dessas "duas fontes fundamentais da mente" para "penetrar no fundamento essencial do conhecimento finito", explorando "seu domínio de origem, isto é, sua unidade primordial" (KPM 96-7).

Heidegger se compromete, assim, com uma interpretação da imaginação transcendental como terceira faculdade fundamental, mais originária que as duas outras. Pensando a imaginação em um sentido ontológico, a saber, como a origem do desvelamento do ser, Heidegger faz dela a "raiz das duas fontes" do conhecimento. Kant recusava, ao evocar essas duas fontes em 1781, encarar sua raiz comum, mas deixava a hipótese em aberto ao falar do esquema como uma "arte oculta nas profundezas da alma humana" (B 180). A intuição de Heidegger é que a raiz da imaginação transcendental seria o tempo como auto-afecção pura. Sozinho na história da metafísica, Kant

---

21. M. Heidegger, *Kant und das Problem der Metaphysik* [*Kant e o problema da metafísica*]. Traduzido para o francês, *Kant et le problème de la métaphysique* (1929), por A. de Waelhens e W. Biemel, Paris, Gallimard, 1953 (citado como KPM).

teria entrevisto a possibilidade de um pensamento do ser a partir do tempo. Nessa perspectiva, o fato de Kant, na segunda edição da *Crítica da razão pura*, precisar que o poder da síntese no esquema se deve ao entendimento e não à imaginação não poderia seduzir Heidegger. Suas explicações do "recuo" de Kant na segunda edição da *Crítica da razão pura* ressaltam claramente, ao contrário, a imaginação transcendental como lugar da transcendência (§ 31). Remetendo a possibilidade originária da síntese da imaginação, que forma ao mesmo tempo "a unidade da transcendência e da objetividade" (222), para o entendimento, Kant estaria proibido de retomar a questão da essência da subjetividade do sujeito, senão com os meios inadequados da psicologia e da lógica. Segundo Heidegger, em lugar de prosseguir na direção entrevista e fundar a metafísica na imaginação, Kant preferiu "salvar a supremacia da razão" (225). Esse retorno à idéia de uma espontaneidade pura da razão estaria em segundo plano em relação ao pensamento de uma espontaneidade receptiva, ou da passividade mesma, marcando a razão pura, que Heidegger interpreta, para além da imaginação, como o tempo. O procedimento da imaginação é, com efeito, o esquematismo, no qual é o tempo que estabelece a unidade da intuição e do entendimento: o tempo é o modo próprio da imaginação (§ 32). Segundo Heidegger, ele daria como "auto-afecção pura" ou "afecção pura de si" a "estrutura interna da subjetividade" (§ 34). As "faculdades" constitutivas da totalidade do conhecimento (intuição, imaginação, entendimento, razão) estariam enraizadas na mais originária dentre elas, a imaginação transcendental (§ 27), ativa *e* passiva ao mesmo tempo, que apresentaria, finalmente, a transcendência do tempo, ou, ainda, *o tempo como transcendência*. Heidegger subtrai a imaginação à problemática (psicológica, antropológica, mas também crítica) das faculdades para ver nela o acontecimento ontológico por meio do qual o ser se desvela a um sujeito. Conseqüentemente, ele interpreta o percurso transcendental de Kant, que trata das condições de possibilidade de nosso conhecimento dos objetos, no sentido de uma abertura à transcendência do ser, mais essencial que as construções do entendimento. É por isso que ele tende a ver na segunda edição da *Crítica da razão pura* como que uma regressão: Kant retornaria a sua intuição inicial.

Os intérpretes da corrente "neokantiana", especialmente Hermann Cohen e Ernst Cassirer, em contrapartida, defenderam a necessidade das correções kantianas[22] e atribuíram uma importância decisiva aos "princípios do entendimento puro" e sobretudo às "antecipações da percepção", das quais deduzem, por meio de instrumentos matemáticos que Kant não havia explorado, implicações radicais no sentido inverso.

Se seguirmos a interpretação mais inovadora, a de Hermann Cohen, os limites da crítica kantiana dizem respeito mais ao resquício de empirismo, ao estatuto do *diverso* da sensibilidade que seria "dado", que a um eventual idealismo. Cohen não apenas desloca o centro de gravidade de sua leitura em direção aos "princípios do entendimento puro", mas se esforça para dissolver a

---

22. Os "neokantianos" tentaram, a partir das três décadas finais do século XIX, levar a filosofia a uma postura "crítica", fazendo-a dialogar com as ciências de seu tempo e aspirando à constituição de um sistema. Seu inspirador principal foi Hermann Cohen (1842-1918), com sua obra maior sobre *La théorie kantienne de l'expérience* [*A teoria kantiana da experiência*] (1871), traduzido para o francês por E. Dufour e J. Servois (Paris, Cerf, 2001); no século XX, Ernst Cassirer (1874-1945), que foi aluno de Cohen, interpretou nessa direção os domínios das ciências da natureza e da cultura (particularmente com seu conceito de "forma simbólica"), buscando encontrar em cada momento a legalidade própria. Pode-se ler a interpretação de Cohen em seu *Commentaire de la "Critique de la raison pure"* [*Comentário da "Crítica da razão pura"*] (1907), traduzido para o francês por E. Dufour (Paris, Cerf, 2000).

irredutibilidade do dado sensível. Segundo ele, Kant teve razão em precisar que o esquematismo era operado pelo entendimento e não pela imaginação, ou, ainda, que a "estética transcendental" não poderia apresentar unidade que não tivesse sido sintetizada pelo entendimento (como resulta da discussão do § 26); além disso, as "antecipações da percepção", às quais ele atribui um estatuto decisivo, reforçam essa interpretação.

Vê-se aí, com efeito, o pensamento como essencialmente ativo: ele não poderia receber passivamente de outra parte sua "matéria". Enquanto a apresentação de Kant sugere que a "matéria da sensação" é aquilo que, no fenômeno, não pode ser antecipado (B 208), Cohen se esforça para assimilá-la mediante a análise, dissolvendo esse resto de representação de coisa por meio das matemáticas. É recorrendo ao "princípio do método infinitesimal" que ele pretende mostrar que a diferença estabelecida correntemente (inclusive por Kant) entre intuição e pensamento é sem fundamento, uma vez que se trata, em cada um dos casos, unicamente de funções. Na "realidade", a sensação *pode* ser medida segundo o grau, pelo cálculo diferencial.[23] De fato, Kant indicava desde o início de sua obra (B 1) que, se todo o nosso conhecimento começa *com* a experiência, não se segue que ele provenha *da* experiência, e sobretudo não *das* sensações. Cohen pretende interpretar, graças ao método infinitesimal, o momento da sensação como uma variável do pensamento.

Ele acredita que o cálculo infinitesimal permite ir mais longe do que Kant iria com a constituição *a priori* do objeto. Conseqüentemente, recusa a idéia de uma exterioridade e de uma prioridade da intuição em relação ao

---

23. H. Cohen, *Le principe de la méthode infinitésimale* [*O princípio do método infinitesimal*] (1883), traduzido para o francês por M. de Launay (Paris, Vrin, 1999, § 105).

pensamento; ao contrário, a análise começa com o saber científico, do qual todos os constituintes, inclusive sensíveis, estão integrados a um pensamento. A intuição de grandezas extensivas (segundo um modelo geométrico) é dissolvida na sensação gradual de grandezas intensivas (pelo cálculo infinitesimal). A intuição tornada infinita na sensação intensiva é, ao mesmo tempo, tirada da realidade. A mente reflete sobre suas operações, ela produz as relações do conhecimento sem estar submetida a um "dado" irracional. Apontando, assim, por uma interpretação matemática das antecipações, tomada de empréstimo dos métodos leibnizianos, o lado idealista de Kant, Cohen radicaliza a argumentação transcendental tornando-a mais abstrata: ela opera sobre as relações que produz mais do que sobre um dado irredutível. Cohen retoma, independentemente dela, uma direção de leitura esboçada por Salomon Maïmon, utilizando ele também a diferencial para contestar a distinção entre "fato" e "razão", que a Crítica kantiana parecia ratificar.[24] Todavia, Maïmon não tira disso conclusões idealistas, como fará Cohen. A continuidade infinitesimal posta à frente, ele é conduzido rumo a uma atitude cética: a finitude de nosso conhecimento não nos permite distinguir rigorosamente entre o necessário e o contingente, nem, conseqüentemente, garantir a objetividade de nossos conhecimentos.

Essas duas interpretações estão longe de ser as únicas possíveis; elas indicam o que os acentos postos na leitura

---

24. Salomon Maïmon (1754-1800) fez uma crítica à filosofia kantiana, particularmente à "coisa em si", que lhe parecia contraditória, e à possibilidade, defendida por Kant, de subtrair o conhecimento empírico a uma margem de contingência separando o sintético do analítico. Ver a apresentação bastante clara de E. Cassirer dos principais problemas apontados por Maïmon em *O problema do conhecimento na filosofia e na ciência dos tempos modernos. III. Os sistemas pós-kantianos*, tradução para o francês do Collège de Philosophie, revista por C. Bouchindhomme (Paris, Cerf, 1999, p. 76-112).

implicam, ao mesmo tempo em que indicam os recursos do texto kantiano. Os filósofos que se inspiraram diretamente em Kant, para contestá-lo ou ultrapassá-lo, aqueles chamados ordinariamente de "pós-kantianos", como Fichte, Hegel ou Schelling, mostraram muito bem como uma outra era filosófica, aberta pelo questionamento crítico, se inicia com Kant.

15. Os fenômenos e as coisas

Para isolar o procedimento legitimando a aplicação da matemática à física e, assim, estabelecer a validade da ciência, Kant restringe seu domínio de aplicação apenas aos fenômenos. Se conhecemos apenas "fenômenos", ou, dito de outra maneira, a coisa unicamente tal como ela nos aparece e se apresenta a nossa intuição e a nosso entendimento, nós ignoramos a "coisa em si", tal como seria independentemente de nossa atividade de síntese. É uma maneira de dissociar a questão do ser (a ontologia) da ciência.

Por que continuar a falar de "coisas em si" enquanto se esclarece que não podem ser conhecidas? Pode-se censurar Kant de nos remeter a uma "ontologia fantasma" quando ele evoca esse resíduo inacessível ao conhecimento, mas necessariamente posto de um ponto de vista crítico. Se a "matéria" da sensibilidade me afeta, há "alguma coisa" que é fenomenalizada no fenômeno – mas dessa "alguma coisa" não se pode saber nada, uma vez que ela ultrapassa o fenômeno. Esta é uma das dificuldades da *Crítica*: o fenômeno funciona sempre em par, uma vez que haveria contradição em falar do aparecer sem se remeter ao que aparece, da mesma forma que seria contraditório querer utilizar o conceito de interior sem jamais evocar um exterior.

Resumamos os usos operatórios de "fenômeno": no percurso do conhecimento que estabelece a experiência, o correlato do fenômeno é "o objeto transcendental = X" que permite constituí-lo como pólo de unidade; na reflexão crítica, o correlato do fenômeno é designado negativamente como o que escapa ao conhecimento, a saber, a famosa "coisa em si"; enfim, na medida em que podemos buscar dar um conteúdo a esse correlato desconhecido, Kant o designa por um outro termo: o "noumenon", isto é, o "pensável" (do grego *Nous*, o espírito). Apenas depois de ter designado cuidadosamente o que não poderia ser fenômeno é que Kant dá novamente um conteúdo positivo ao não-fenomênico. Este lhe permite investir amplamente na dimensão *prática*, isto é, o campo de tudo o que é possível pela liberdade.

A destruição das pretensões dogmáticas do entendimento libera um domínio não fenomênico, supra-sensível, no qual uma metafísica da liberdade poderia se edificar. As idéias de alma e de Deus, das quais Kant demonstra o caráter incognoscível, conservam um interesse prático indispensável *a título de idéias*. Estas são os conceitos da razão, não sensíveis, não fenomenalizáveis, mas essenciais para a orientação da ação e da organização dos conhecimentos. Nessa medida, Kant as denomina "idéias reguladoras".

16. *Lógica da desconstrução: Dialética*

Nossos conceitos só ganham sentido sob as condições da sensibilidade; qualquer outro uso não nos fornece nenhum conhecimento. Tal é a abordagem de Kant em sua "Analítica". Essa é a tarefa "positiva" da Crítica, que pesquisa nosso poder de conhecer detalhando suas funções. Mas ela tem também uma outra tarefa: é preciso não apenas assegurar a validade do conhecimento científico, mas também dar conta dos erros da metafísica. Este é o objeto da "Dialética transcendental".

"Dialética" não tem em Kant o mesmo sentido que terá em Hegel e Marx, para os quais designa um processo real no qual a contradição produz por si mesma novas figuras. O uso kantiano se refere ao sentido corrente de "lógica", mas com uma nuança depreciativa, uma vez que ele vê nela apenas uma "lógica da aparência". Compreende-se esse sentido pejorativo remontando a Aristóteles, que inventou as grandes divisões da lógica e o vocabulário para descrevê-las. Em seu *Organon*, que reúne o conjunto de seus tratados consagrados aos instrumentos do pensamento, ele distingue os *Analíticos*, cujo objeto é a inferência necessária, dos *Tópicos*, que tratam do raciocínio "dialético", isto é, apóia-se em opiniões comuns. A "dialética" pode servir para produzir "conhecimentos plausíveis", mas mantém uma certa proximidade da retórica, da qual os filósofos sempre desconfiaram.

Fazendo da dialética uma "lógica da aparência", Kant pretende dar toda a sua contribuição à empresa crítica. Ela deve ser capaz de distinguir o conhecimento válido do falso, mas também de mostrar como nasce o erro. O filósofo não pode se contentar em constatar que sempre se errou, ele deve poder explicar por quê; de outra forma seus paradoxos e sua pretensão de dizer a verdade não seriam seguidos. Então se recairia nos mesmos trilhos de sempre.

A ilusão transcendental (que concerne, portanto, a nosso poder de conhecer e a seu uso ilegítimo) consiste no fato de atribuirmos erroneamente um valor objetivo a conceitos sem prestar atenção a suas condições de validade: fazemos um uso "transcendente" e não mais "transcendental" deles, isto é, um uso que ultrapassa as condições da experiência possível. Formalmente seguimos um raciocínio perfeitamente lógico, mas, aplicando-o subrepticiamente, conferindo-lhe um valor de conhecimento, transferimos injustamente as estruturas subjetivas de nosso pensamento para a objetividade do mundo.

A sutileza da demonstração de Kant está em insistir no paradoxo de uma ilusão da razão. Os filósofos não deixaram no passado de criticar as ilusões da percepção para deduzir seja argumentos céticos (os sentidos nos enganam e não se pode conhecer nada), seja argumentos em favor da razão (os sentidos nos enganam, apenas o conhecimento racional é verdadeiro). Mas, reconhecendo o caráter "natural e inevitável" da ilusão, Kant desculpa a sensibilidade para buscar compreender como a razão engendra raciocínios aberrantes. Os raciocínios falsos não devem ser imputados a nenhuma vontade de enganar; são sofismas da própria razão que não deixam de existir nem quando a razão os reconheceu. Transferindo para o funcionamento da razão sua propensão ao erro, Kant parece puxar o próprio tapete. É exatamente o contrário: se um uso puramente formal da razão leva a abandonar o terreno da experiência, o único em que nossos conceitos possuem alguma validade, a tarefa de uma crítica é definir as condições do uso legítimo.

A crítica da "razão pura" se apresenta como um exame sem concessões de nossos poderes de conhecer: a função do entendimento é precisada em sua relação com a experiência e com a razão. Sendo a faculdade dos conceitos, o entendimento corresponde ao uso determinante de nosso juízo. É por meio dele que conhecemos. A razão, por sua vez, opera sobre os conceitos do entendimento, os quais tende a unificar. Ela organiza nossos conhecimentos em um conjunto coerente, visando ao sistema. A razão tende por si mesma ao incondicionado: é este movimento que produz a aparência dialética. Tomamos, pois, nossas antecipações de uma totalidade por alguma coisa que poderíamos efetivamente conhecer, ao passo que se trata apenas de um pensamento cujo valor é subjetivo. A necessidade de sistematização e de extensão da razão não é mais, nesse caso, controlada pelos limites traçados pelos fenômenos. A razão excede seus poderes quando pretende produzir conhecimentos por si. Em sua aspiração a uma totalização, a razão é em si mesma dogmática. É à crítica que ela incumbe de fazer a triagem em suas pretensões. Trata-se de um trabalho de criar aterros e jardinar, uma vez que, segundo uma imagem que terá uma sorte diferente em Hegel e em Marx (mais para ilustrar o trabalho subterrâneo das contradições na história, dando à luz novas figuras e arruinando o velho mundo), Kant explica que é preciso "aplainar e consolidar o terreno [...] nos quais se encontra toda espécie de galerias de toupeira, cavadas por uma razão à procura inútil, mas bem-intencionada, de tesouros e que tornam insegura aquele construção" (A 319/B 376). A toupeira é obviamente este pequeno animal acinzentado que devasta os jardins, transformando-os em campos minados em que não faltam nem as tocas nem as galerias, mas que é célebre sobretudo por sua miopia.

As escorregadas apontadas por Kant são de uma generalidade que excede de longe os erros propriamente "metafísicos" de que trata explicitamente a "Dialética", a saber: a ilusão de provar a existência de Deus (unidade absoluta da condição de todos os objetos do pensamento em geral), de determinar se o mundo tem um começo ou um fim (unidade absoluta da série de condições dos fenômenos), ou, ainda, de qualificar positivamente o "eu penso" que devemos supor para toda operação de conhecimento (unidade absoluta do sujeito pensante). O alcance da análise kantiana se estende de maneira mais geral a todas as formas de "fetichização" ou de "reificação", para empregar termos mais modernos, em que se considera os produtos (intelectuais ou materiais) independentemente de suas condições de produção. Nesse sentido, o mecanismo de produção de ilusão trazido à luz por Kant conserva toda sua pertinência para além da simples crítica da "metafísica", ou seja, nos domínios da política, da psicanálise, da sociologia ou da economia. As situações em que se acredita de maneira tão completa nos próprios discursos que não se percebe suas condições de validade não são muito raras.

Em termos kantianos, a partir do momento em que se faz da lógica um "organum", um instrumento formal do pensamento e não uma "arte universal da razão" (*Lógica*, IX, 13; 11), toma-se os desejos por realidades e se disparata. A lógica não nos faz "conhecer" nada, assegura Kant, uma vez que ela serve apenas à "apreciação crítica e à retificação de nosso conhecimento", isto é, ao aperfeiçoamento de nosso juízo, mas sem poder substituí-lo. É por causa de sua função essencialmente crítica que a dialética é considerada por Kant como uma "catarse" do entendimento, ou seja, um remédio que o purga de suas tendências ruins (IX, 17).

É suficiente aqui evocar a refutação de Kant à "prova da existência de Deus" praticada pela filosofia de sua época (A 571/B 599 ss.). Essa prova é emblemática desse movimento natural que conduz a razão ao incondicionado e, ao mesmo tempo, a leva a tomar por realidade o que é somente uma de suas exigências. Raciocinando, passa-se espontaneamente do conceito à afirmação da existência de uma realidade: se todas as coisas particulares são condicionadas, é necessário que haja um conceito incondicionado, em relação ao qual o que é condicionado ganha sentido. Estabelecer um conceito da totalidade das condições é uma operação puramente lógica, no sentido de que um tal conceito é inteiramente possível. Mas ele ultrapassa toda possibilidade da experiência, e é por isso que Kant o denomina *idéia*. Uma idéia da razão não é experimentada, diferentemente do conceito do entendimento que, como já vimos, precisa se tornar sensível para fazer sentido.

Ainda mais afastado da realidade está o *ideal*, um indivíduo concreto inteiramente determinado pela idéia. Os ideais levam, uma vez que são individuais, a um conjunto de condições.[25] Kant reconhece para eles apenas uma significação possível para a prática, na medida em que orientam nossa ação. O ideal pode ser aquele da totalidade de condições: este conceito absoluto é, sem dúvida, pensável. Caso se concorde que ele compreende o conjunto de condições, pode-se considerar que, entre elas, se encontra também a realidade, o fato de existir. Se chamamos "Deus" um tal conceito, parecerá uma boa conseqüência atribuir-lhe, entre outras, a qualidade da existência.

Kant não diz que tal raciocínio seja errado. Para ele, esse raciocínio, simplesmente, não tem objeto, uma vez que assimila indevidamente a existência a uma propriedade. Pode-se dizer: esta coisa é extensa, sólida, de cor azul, de superfície lisa, etc.; mas não se pode dizer: esta coisa é grande, lisa, azul, existente, oval, etc. A análise de um conceito não pode desembocar na afirmação de uma existência; ao contrário, dir-se-á: *se* esta coisa existe, ela é, conforme a seu conceito, grande, lisa, extensa, azul, etc. O exemplo trivial de que Kant se serve é suficientemente eloqüente: pode realmente acontecer que eu tenha "cem talers" (a moeda prussiana da época), esses "cem talers" são possíveis, o que não significa por isso um meio de pagamento, eles não me tornam mais rico por isso. "Cem talers" reais são fundamentalmente outra coisa

---

25. As traduções francesas são algumas vezes enganosas, uma vez que introduzem termos tão obscuros e confusos quanto "conceito integral" para traduzir "Inbegriff" (formado por "Begriff", o conceito, e pelo prefixo "in-", "em", como nas línguas latinas). O que não quer dizer nada! Basta ler simplesmente "conjunto" [*ensemble*], como traduz F. Marty na edição da Pléiade.

que "cem talers" possíveis: moedas "sonantes e pesadas" num caso, simples idéia, sem contradição, mas sem realidade no outro.

A demonstração parece tão fácil que dificilmente se acreditará que a metafísica tenha durante anos perseguido o fantasma dessa passagem "mágica" do possível ao existente. A fraude não se disfarçava sob o casaco refinado da lógica dos metafísicos? Kant não acabou de dizer, enfim, que o rei está nu? Sem querer de modo algum atenuar o alcance destrutivo de seu gesto, creio que isto seria compreender de modo errado seu objetivo na "Dialética". Kant não opõe um argumento de bom senso aos sofismas dos filósofos, somente tira as conseqüências do deslocamento da problemática que ele havia introduzido. Os metafísicos anteriores fizeram o que podiam. Não eram nem mais obtusos, nem mais desonestos que outros, mas trabalhavam em um quadro que permitia a confusão do possível e do real. Interrogando apenas as categorias que empregavam e o horizonte de seu trabalho, não podiam deixar de escorregar perigosamente de um *discurso* lógico, em aparência bastante rigoroso, para a ficção da existência de uma coerência idêntica no próprio *ser*. Kant explica simplesmente que se trata de abandonar esse ponto de vista absoluto, em que o pensamento e o ser são confundidos, ponto de vista cuja coerência seria assegurada por "Deus", não porque seria inevitavelmente falso, mas porque não podemos dizer nada a respeito dele. A postura "metafísica" ultrapassa as possibilidades do discurso filosófico. Isso não nos impede de "pensar" as totalizações ideais e de desenvolver uma "metafísica da liberdade e dos costumes", desde que elas permaneçam fora de qualquer estatuto de conhecimento.

A argumentação retira sua força da inversão de perspectiva anunciada pela *Crítica*. Tendo exposto as condições legítimas de aplicação das categorias, na "Dialética", Kant apenas detalha os erros a que conduzem, *do ponto de vista do conhecimento*, sua aplicação ilegítima. Ele denuncia o erro explicando-o como um erro de registro. Um mesmo discurso pode valer ou não valer, de acordo com o alcance que se quer atribuir a ele. São as condições de sua validade que importam; freqüentemente elas são esquecidas e ignoradas. Kant detalha precisamente o que se produz quando, sem nos darmos conta, passamos de um registro puramente lógico e formal a um registro real, quando pretendemos provar a existência de Deus, por exemplo:

> Esse ideal do ente mais real de todos, porquanto uma simples representação, é primeiramente *realizado*, isto é, tornado objeto, a seguir *hipostasiado* e finalmente, mediante um progresso natural da razão rumo ao perfeccionamento da unidade, até *personificado*, como exporemos em breve [...]. (A 583/B 611)

Atribuindo uma objetividade ao que é somente o produto de nossa faculdade de representação, nós o "realizamos", tomamo-lo por uma coisa (em uma linguagem marxista marcada pelas análises do húngaro Georg Lukàcs[26], diríamos, nós o *reificamos* ou o *coisificamos*, o que é a mesma coisa; lembremos que nosso "real" vem da palavra latina *res*, a coisa); daí passamos espontaneamente à hipóstase, isto é, fazemos dessa coisa uma substância; e tratando-se da coisa das coisas, o absoluto,

---

26. Georg Lukàcs (1885-1971), filósofo húngaro de inspiração marxista, elaborou particularmente a teoria da "reificação". Ver *Histoire et conscience de classe* (1923), tradução francesa: Minuit, 1960. [Ed. bras.: *História e consciência de classe. Estudos sobre a dialética marxista*, São Paulo, Martins Fontes, 2003.]

atribuímos a ele de bom grado os caracteres de uma pessoa, uma vontade e intenções. Kant propõe que se faça uma análise das idealizações que a razão produz em seu procedimento espontaneamente teogônico, sem por isso denunciá-las pura e simplesmente, como fará Nietzsche. Kant as "desconstrói" para assinalar seus domínios de validade referentes aos processos implicados em sua produção. A idéia de Deus pode nos servir para *pensar* uma relação com a totalidade, mas certamente não serve para fundar nosso *conhecimento*.

17. *O método como reflexão*

Muito distante de começar seu trabalho pelo enunciado abstrato de um método, e se distanciar de qualquer situação concreta de conhecimento e de qualquer relação com o objeto da experiência, Kant faz abordagem do método apenas no fim da *Crítica da razão pura*. A "metodologia" não é, entretanto, simplesmente um "anexo", na medida em que ela é o objeto de uma das duas partes do livro, ainda que esta ocupe apenas um sexto de seu volume. Há, de um lado, os elementos (as construções e as desconstruções que eles permitem) e, de outro, o método, que faz a reflexão sobre os processos analisados e sua realização.

É aqui que se pode compreender o alcance da empresa kantiana: levando em consideração o absurdo das incessantes querelas filosóficas sobre objetos puramente hipotéticos, Kant pretende *pacificar* esse território. Uma tal pacificação não deve ser entendida em um sentido puramente metafórico. É pelo fato de a metafísica fornecer, desde seu início, a imagem de um campo de batalha onde ocorre o confronto de posições recorrentes, com mudança de papéis, que se trata de levar a paz até ela. Mas esta paz não poderia provir do estabelecimento de um consenso definitivo – qual filosofia poderia pretender dar a última palavra? O verdadeiro apaziguamento do campo filosófico supõe, ao contrário, o reconhecimento do caráter intrinsecamente conflituoso da razão. Não que ela seja em si mesma contraditória ou que as contradições sejam bem-vindas, não se trata de poder dizer o que quer que seja. Mas, como poder de abstração que pode raciocinar a partir de hipóteses que ela se dá a si mesma, a razão, em seu movimento rumo à unidade e ao incondicionado, é "dialética em si" (A 777/B 805).

É preciso, pois, se preservar de denunciar como escandalosos os conflitos da razão: eles são sua expressão. Mas Kant, diferentemente de Hegel, não chega a enraizar a racionalidade no conflito desenvolvendo um conceito alargado de dialética, que participa da "coincidência de opostos". Kant vê no conflito da razão especulativa consigo mesma um espetáculo que pode encorajar o abandono do ponto de vista especulativo em favor do ponto de vista crítico. Pois, a todo raciocínio abstrato que pretende elevar-se a um incondicionado, seria fácil opor um raciocínio absolutamente contrário e não menos coerente, até o ponto de obrigar a suspensão do juízo. A *Crítica* não hesita em desenvolver tais antinomias, sem má-fé, mas não sem ironia, porque elas demonstram claramente que a razão especulativa neutraliza a si mesma e se condena ao que não se pode decidir (A 756/B 784). O que é característico da estrutura antinômica da metafísica é que ela oferece soluções ao mesmo tempo incompatíveis entre si e, no entanto, intrinsecamente possíveis. Como nenhuma divisão pode ser feita do interior, é ao julgamento crítico, que reflete sobre os limites dessas pretensões, que cabe repartir.

A situação é comparável àquela que leva ao estabelecimento do direito; a propósito, o próprio Kant compara, sem qualquer dificuldade, a empresa da *Crítica* a um "tribunal da razão" (A XI; A 751). De fato, a situação da metafísica é anárquica, ela se assemelha a um "campo de batalha", é a guerra. Retomando essa comparação entre o estado da razão especulativa abandonada a incessantes lutas internas e o "estado de natureza" dos pensadores políticos do direito natural – estado no qual os indivíduos estariam em oposição contínua uns em relação aos outros, absorvidos em uma "guerra de todos contra todos", segundo a conhecida expressão de Hobbes[27] –, Kant explica que a única possibilidade de ultrapassar esse conflito é pela instituição do direito que levaria à *paz* entre as partes.

A pacificação pressupõe a existência de um ponto de vista imparcial a partir do qual possa ser exercido um juízo que é reconhecido por todos. Tornando sem validade as pretensões excessivas das partes ao mesmo tempo em que reconhece a legitimidade de suas perspectivas, uma vez restringidas pela crítica, Kant estabelece um *estado civil da razão*. A paz é alcançada ao preço da limitação das liberdades individuais, as quais, fundadas no puro uso da força, nada têm de seguro; a restrição, ao contrário, faz que elas se tornem concretas no quadro da organização política, cuja coerência repousa no reconhecimento universal de um árbitro, em outras palavras, o soberano (A 752/B 780). O direito é um instrumento formal de pacificação, da mesma forma que, em seu domínio próprio, a *Crítica* se quer puramente procedural para regrar os diferentes.

> Com efeito, como podem duas pessoas porfiar a respeito de uma coisa cuja realidade nenhuma das duas pode

---

27. Thomas Hobbes (1588-1679), filósofo inglês, um dos fundadores do pensamento político moderno com seu *Leviatã* (1651).

apresentar numa experiência real ou tão somente possível, uma disputa na qual cada uma cisma unicamente sobre a idéia dessa coisa a fim de extrair dela algo *mais* do que a idéia, a saber, a realidade do próprio objeto? (A 750/B 778)

Tais controvérsias são sem objeto. A filosofia consiste em observá-las com malícia para, uma vez que os combatentes tenham chegado ao esgotamento, fazê-los reconhecer "a cegueira e os preconceitos que os desuniram" (A 747/B 775) por intermédio de uma "crítica madura". Estabelecendo regras comuns para a arbitragem dos conflitos, a filosofia crítica não só introduz ordem na razão, como prepara o caminho para que esta chegue a um estatuto maior e político, fazendo-a tomar consciência de si mesma. A guinada emancipatória da razão, que com razão Kant não contesta às Luzes, se completa no reconhecimento da limitação das condições de seu exercício. Não é de admirar que a "razão pura" ao fim se mostre, no fundo, como "razão prática", animada pela idéia de liberdade, uma vez que desde o início Kant trabalhou em sua instituição política.

A significação geral da empresa kantiana no seio do movimento tumultuado das Luzes aparece claramente na presença do modelo jurídico até mesmo na organização do próprio pensamento. Impiedoso onde as Luzes são cegas, Kant permanece profundamente fiel a elas, fornecendo uma regulação para a liberdade desordenada que se exprime em sua aspiração.

O projeto da *Crítica* é, por essa razão, um projeto político, a saber, uma política da razão (em vez de uma simples censura ou um policiamento da razão), que pretende produzir as condições de exercício estáveis para a audácia do pensamento. O que são, pois, as Luzes? Kant responde com toda sua obra: o desejo da liberdade e a audácia do pensamento realizados nas condições de um conflito regulado. A *Crítica* é a guardiã das Luzes, defendendo, antes de tudo, a razão de si mesma. Ela instaura fundamentalmente uma ordem do direito do pensamento. Ela se compreende, em primeiro lugar, como uma crítica da violência.

2
O sujeito

Pode-se considerar que o princípio da operação kantiana residia no deslocamento geral da atenção das coisas para o sujeito. Uma vez que os homens são seres racionais e finitos, um certo número de questões está além de seu poder e não há sentido em se colocá-las. A *Crítica* as identifica a fim de restringir o domínio no qual o conhecimento pode legitimamente se exercer, tirando, ao mesmo tempo, partido dessa limitação para deixar a porta aberta a um uso diferente da razão, o "pensamento". O que não posso conhecer (no fenômeno), posso sempre pensar no *noumenon*. Posso ter a idéia disso. A impossibilidade de demonstrar a existência ou de a integrar aos conhecimentos é, também, a impossibilidade de demonstrar a inexistência. Este é, particularmente, o caso da idéia de Deus. O que está no domínio do incondicionado, em primeiro lugar a liberdade, escapa às condições do conhecimento fenomênico, mas não é por isso desprovido de sentido para nós.

Mas, se é assim, a "revolução crítica" poderia ser lida como uma passagem de um pensamento regulado pelo objeto, pensamento este que seria dogmático, incapaz de pensar o real senão como coisa ou, mais abstratamente, como substância, para um pensamento regulado pelo sujeito. O princípio da ordem de nossos conhecimentos não seria encontrado no mundo, mas nas operações do sujeito do conhecimento. Kant completaria a virada subjetiva da filosofia que Descartes apenas começava, já que este continuou a pensar o sujeito como uma coisa mesmo enquanto fazia toda a certeza sobre a "realidade" do mundo vacilar com as dúvidas desse mesmo sujeito. A negatividade da dúvida era logo absorvida pela solidez das substâncias, tendo o sujeito a sua, a "coisa pensante", distinta e, entretanto, semelhante à "coisa extensa", uma vez que ambas eram concebidas como "realidades". Todavia, fazer de Kant um pensador do sujeito depois dos filósofos dogmáticos que foram pensadores da substância é sedutor, mas insustentável. Pois, assim, correr-se-ia o risco de eclipsar a inovação filosófica mais original de Kant, isto é, a invenção do ponto de vista crítico. De um lado, equipara-se o gesto kantiano ao daqueles filósofos ingleses, empiristas ou céticos, que, de Locke a Hume, duvidaram da objetividade do conhecimento sublinhando o papel das operações psicológicas do "entendimento humano". De uma certa maneira, a virada subjetiva já estava presente neles. Mas, por outro lado, e de maneira mais grave, essa interpretação tende a fazer de Kant um dogmático do sujeito, o defensor de uma "filosofia do sujeito". É freqüentemente assim que a filosofia kantiana foi acolhida e compreendida na França, englobada de maneira despropositada ao espiritualismo tão presente no século XIX, integrada, na França da III República, ao *corpus* escolar como filosofia "republicana", ou, ainda mais recentemente, chamada a contra-atacar as idéias de Maio de 68 e sua destruição da referência a um "sujeito".

Se escolhemos apresentar aqui, no capítulo geral sobre o "sujeito", um conjunto de reflexões, não é para sugerir que uma tal "filosofia do sujeito" constituiria o acabamento da empresa kantiana, mas para tentar mostrar que o "sujeito" ou a "subjetividade" não são menos problemáticos aos olhos de Kant do que a "objetividade", para a qual a crítica do conhecimento estabeleceu, há pouco, as condições de validade. A ilusão "transcendental" do leitor de Kant, sobretudo se ele permanece na primeira das *Críticas*, é imaginar que o sujeito escapa à investigação crítica, que ele seria em si mesmo menos obscuro ou menos problemático que as "coisas".

1. As quatro questões da filosofia

Tem-se o direito de perguntar: "de que sujeito se está falando?" Pois, manifestamente, Kant aborda a subjetividade sob diferentes pontos de vista, que se relacionam às questões essenciais da filosofia. Kant as arrola em seu curso de lógica (IX, 24-25), que é uma boa introdução a seu pensamento.

A primeira, "o que posso saber?", diz respeito ao sujeito do conhecimento. Trata-se do domínio da "metafísica", tal qual o percorremos no primeiro capítulo, examinando as fontes do saber humano e os limites da razão para determinar em que medida a filosofia pode aspirar a ser uma ciência. Kant responde a essa questão não somente na *Crítica da razão pura* (1781), mas também nos *Prolegômenos a qualquer metafísica futura que possa vir a ser considerada como ciência* (1783), que é uma exposição simplificada, nos *Primeiros princípios metafísicos da ciência da natureza* (1786) e na *Crítica do juízo* (1790), nos quais aborda a possibilidade de conhecimento de organismos e do que, de maneira mais geral, implica uma finalidade.

A segunda, "o que devo fazer?", diz respeito ao domínio da ação tal que eu, enquanto ser racional, constituo. O sujeito é, aqui, o sujeito moral ou a pessoa; ele impõe a si mesmo as leis de sua ação. O conjunto de questões requeridas por essa dimensão prática é objeto das obras que tratam dos princípios da moral, como a *Fundação da metafísica dos costumes* (1785) e a *Crítica da razão prática* (1788), e de sua realização, que envolve também os escritos sobre o direito e a política, como a *Metafísica dos costumes (Doutrina do direito* e *Doutrina da virtude*, 1796-97) e vários escritos pequenos, entre os quais, particularmente, o *À paz perpétua* (1795).

A terceira questão, "o que me é permitido esperar?", envolve o sujeito e, ao mesmo tempo, as expectativas e as esperanças legítimas de reconforto que ele pode nutrir. A originalidade da posição kantiana é que essa fé é especialmente moral, ancorada na autonomia do sujeito. É por isso que ele a expõe na *Crítica da razão prática*, na *Crítica do juízo*, em seu grande texto sobre a religião, *A religião nos limites da simples razão* (1793), bem como no pequeno opúsculo sobre *O fim de todas as coisas* (1794).

A quarta questão, enfim, "o que é o homem?", que, segundo Kant, resume à sua maneira as precedentes, nos remete ao sujeito a um só tempo livre e encarnado de que trata a *Antropologia de um ponto de vista pragmático* (1798), mas também a *Crítica do juízo*, na parte dedicada ao sentimento estético.

Tantas questões, tantos domínios de investigação da reflexão, mas também tantas maneiras de conceber o sujeito que se encontra envolvido em cada uma delas. Mais que descrever esse conjunto, que corresponde à obra de Kant, escolher-se-á aqui atravessá-lo seguindo uma só questão: *como a subjetividade é recomposta na antropologia, na qual, da perspectiva de Kant, ela desemboca ao fim do longo desvio do questionamento crítico que tanto a maltratou quanto a instalou?*

Na própria formulação dessas questões sublinhamos isto: é apenas na última delas que Kant usa a expressão "o que é o...?", a saber, à maneira de questionamento tradicional da metafísica, que supõe desde logo que pode haver *alguma coisa* como uma *essência*, um *ser* ou um *ente*, que corresponda à questão.[1] Nos diálogos socráticos de Platão, por exemplo, assiste-se à busca, muitas vezes vã, de uma definição que permitiria alcançar uma "essência" estável; mas Sócrates é muito hábil em mostrar a seus interlocutores como é difícil chegar a isso. Perguntar "o que é o...?" já é antecipar a resposta e pressupor de uma certa maneira a metafísica que, durante séculos, desde Platão e Aristóteles, operou com "definições". Já que Kant se pergunta simplesmente o que quer dizer o discurso metafísico, que ele herda, e em que condições esse discurso pode ter um sentido, seria preciso que ele rompesse necessariamente com essas evidências tanto mais traiçoeiras quanto se aninham na linguagem corrente.

É por isso que apenas as três primeiras questões são verdadeiramente críticas em sentido estrito – e por causa disso as únicas a figurar no corpo do texto da *Crítica da razão pura* (A 805/B 833): elas interrogam as *funções* do sujeito. A última questão ousa, por fim, abordar um solo positivo para tentar definir o que está em jogo desde o início da filosofia, depois de sua "reparação" crítica. Além disso, ela não pergunta "o que é o sujeito?" ou "o que é a subjetividade?", mas simplesmente: "o que é o homem?" Compreende-se claramente que não poderia haver um "sujeito" assinalável de maneira precisa, enquanto "o homem" pode ser descrito e compreendido sob diferentes pontos de vista. Com efeito, ele é, ao mesmo tempo,

---

1. Na Antigüidade, o manual de lógica mais corrente, o *Isagoge* de Porfírio (aproximadamente 233-310), que introduz as *Categorias* de Aristóteles, insiste na importância da questão "o que é o..?" para o estabelecimento das definições: a própria forma da questão envolve um questionamento sobre a essência. Ver tradução recente para o francês de A. de Libera e A. Segonds: Porphyre, *Isagoge*, Paris, Vrin, 1999, p. 5 ss. [Ed. bras.: Porfírio, o Fenício, *Isagoge: introdução às Categorias de Aristóteles*, São Paulo, Matese, 1965. (N. T.)]

um ser de natureza, de um ponto de vista fisiológico, tal como é apresentado na *Geografia física*, e um ser livre, estudado de um ponto de vista "pragmático" na *Antropologia*. Por "pragmático" Kant não entende esse princípio de eficácia que a linguagem usual sugere, nem o que a corrente do "pragmatismo americano" visa, isto é, a idéia de que o *fazer* e a *ação* devem substituir as categorias de *ser* e de *verdade*.[2] Para Kant, "pragmática" remete simplesmente ao que faz do homem um ser livre, uma razão prática encarnada. É por isso que um dos nós de sua reflexão é a relação que o "sujeito" da filosofia crítica mantém com "o homem" da antropologia.

2. A invenção da subjetividade: Descartes, Locke e Kant

Lembremos um pouco a situação: donde nos vêm e o que significam estes termos "sujeito", "consciência", "indivíduo", tão comuns que, de bom grado, os tomamos uns pelos outros? Sem entrar em detalhes fastidiosos, é sem dúvida útil, para apreciar o ponto de partida de Kant e a ruptura que ele introduz nesses conceitos, evocar pelo menos dois grandes ancestrais: Descartes e Locke.[3]

---

2. O leitor pode se informar sobre a corrente filosófica do pragmatismo e sobre seu fundador, Charles Sanders Peirce (1839-1914), no livro de Claudine Tiercelin, *C. S. Peirce et le pragmatisme* [*C. S. Peirce e o pragmatismo*], Paris, PUF, 1993. William James (1842-1910), o irmão do romancista Henry James, a tornou célebre por um tempo, em torno de 1900 (*Pragmatism*, 1911); Richard Rorty (nascido em 1931) buscou renovar essa corrente, por exemplo em *Contingence, Irony and Solidarity* [*Contingência, ironia e solidariedade*] (1989), trad. francesa: Paris, A. Colin, 1993. O termo kantiano deve igualmente ser distinguido da pragmática, que concerne mais especificamente a uma reflexão sobre os efeitos práticos da linguagem; ver Françoise Armengaud, *La pragmatique* [*A pragmática*], Paris, PUF, 1985 (Que sais-je?).

3. Reportar-nos-emos aos comentários particularmente luminosos de E. Balibar em "L'Invention de la conscience" ["A invenção da consciência"],

Descartes fala do sujeito? Não. Fala da consciência? Não exatamente. As palavras "*conscientia*" ou "*conscius*" obviamente se encontram na versão latina das *Meditações metafísicas* (1642), mas muito raramente, e com o sentido de "conhecimento" ou de "pensamento". O "*cogito*", ou, em outras palavras, a operação que permite ao "eu" suspender a dúvida sobre sua própria existência quando tem a experiência de pensar, apresenta de fato uma realização singular de um sujeito. Se "eu penso", "eu sou, eu existo", ou seja, há pelo menos isso de certo; a partir dessa certeza primeira pode-se empreender a reconquista do mundo pelo pensamento. Mas esse momento "subjetivo", no qual isso que é realmente um *sujeito* toma consciência de si mesmo pela experiência do pensamento, não é interpretado por Descartes em termos de "sujeito" ou de "consciência". Quando interroga o conteúdo dessa primeira certeza que o sujeito tem de existir como pensamento, Descartes não diz: "eu penso, então eu sou um sujeito que pensa, isto é, que compreende, imagina, sente, vê, etc."; em vez disso, o que ele diz é: "eu sou uma coisa que pensa", *res cogitans*.

O sujeito não se compreende como sujeito, mas como *pensamento*, como "*cogitatio*", substancialmente distinto da *extensão*, outra substância ou "coisa" que Descartes reconhece. O momento em que o "eu" tem a experiência do pensamento em primeira pessoa, ao proferir "eu penso", não dá lugar a uma interpretação da subjetividade em sua atividade, a subjetividade é compreendida sob o modo de uma coisa: "eu penso", isto é, "eu participo da substância pensante". São os filósofos "cartesianos" que,

---

sua introdução à edição comentada do ensaio de J. Locke, "Of Identity and Diversity" (*Ensaio sobre o entendimento humano* II, 17), publicado com o título de *Identité et différence* [Identidade e diferença], Paris, Seuil, 1998, p. 9-101 (Points-Essais). Minhas indicações se referem essencialmente ao material e às análises reunidas nesse livro.

querendo completar ou simplificar o mestre pelas necessidades do ensino, introduzem massivamente a "consciência" em sua apresentação. Sylvain Régis, particularmente, em seu *Système de philosophie* [*Sistema de filosofia*] (1690), transformou o "'eu' cartesiano em 'eu consciente' e este em sujeito-objeto de uma metafísica da alma, ao mesmo tempo intelectualista e espiritualista, ou de uma psicologia racional"[4], ou seja, precisamente o que Kant criticará com vigor.

Locke procurou refutar a concepção de "idéias inatas" que imputava a Descartes. Segundo ele, a alma não pode possuir, de antemão, uma coleção de idéias e se contentar em analisar o conteúdo delas para produzir conhecimentos, e sim deve extrair o que sabe da experiência, seja externa e sensível, seja interna, o que, para ele, corresponde à reflexão. A mente não tem qualquer outro conteúdo além das idéias que a ocupam e sobre as quais ela reflete, idéias que ela combina, associa ou dissocia. É assim que ela "é consciente" e percebe o que se passa nela mesma. Vê-se que, voltando-se para a produção de nossas idéias, Locke pretende evitar recorrer a abstrações. Ele critica particularmente a assimilação, por Descartes (e aqueles que o seguiram), do pensamento a uma "substância", uma coisa consistente em si, independentemente do ato que a produziu. Trata-se aí de uma ilusão: toma-se por uma coisa o que é apenas uma operação da mente e que existe apenas enquanto operação. Não posso dizer nada além de: "tenho consciência de tal ou tal conteúdo em minha mente"; ou melhor: "tenho tal ou tal idéia, tal série de idéias".

Mas, recusando totalmente a idéia de uma substância como uma ilusão devida a nossos hábitos de pensar e de

---

4. E. Balibar, "L'Invention de la conscience", op. cit., p. 50.

falar, Locke está longe de pensar um "sujeito" que permaneceria imutável através dos acontecimentos. Ele deve, ao contrário, dar conta da identidade ou da continuidade consigo mesmo de uma mente que aparece para si apenas nas suas idéias, dito de outra maneira, uma mente que é apenas nas idéias que tem. A consciência, ou a imediata presença das idéias à mente, se dá apenas no instante; ela não me permite comparar um estado presente a um estado anterior. Como, então, garantir a continuidade consigo mesmo de um tal "sujeito"? Deve-se punir um homem que cometeu um crime estando embriagado (um homem que, por exemplo, bateu em um passante), e que, agora, está sóbrio e não tem mais a "mesma" consciência? – pergunta-se Locke (*Ensaio*, II, xxvii, § 22).

Para resolver essa dificuldade, Locke verdadeiramente inventa a "consciência de si", a saber, uma consciência reflexiva. Apenas a consciência pode se reconhecer como idêntica a si mesma enquanto autora e responsável por suas ações através das modificações da duração. A identidade numérica ou mesmo a identidade de substância não basta: um cadáver sem consciência não é o mesmo que era quando vivo, ao passo que um homem cuja perna foi amputada é ainda, de fato, considerado como o mesmo homem. Mas qual é o conteúdo dessa identidade se ela só é experimentada em ato? Para designá-lo, Locke introduz um termo novo no vocabulário filosófico: o "si" refletido, *Self*. A consciência é "consciência de si" no sentido de que seu exercício não se apóia em uma substância que seria independente, mas em que, no entanto, reconhece a identidade de seus atos: ela se reconhece ou se assume como a mesma. É pela "consciência" que eu sou "eu para mim mesmo", pois, explica Locke:

> Se há qualquer parte de sua existência da qual eu não possa ter a lembrança para juntá-la a esta consciência

presente, pela qual eu sou presentemente eu mesmo, ela é tanto eu mesmo em relação a essa parte de minha existência quanto algum outro Ser imaterial que exista. (§ 24)

O sujeito se reconhece como si mesmo na medida em que se pensa como atividade, o resultado de um trabalho de apropriação de uma "consciência continuada". Poder-se-ia ver nessa identificação do sujeito consigo mesmo, na reapropriação de si por uma consciência, uma concepção abstrata e etérea de um sujeito que, nesse caso, perdeu sua "substância". Não se trata disso: um tal sujeito é certamente uma "atividade", mas, de fato, ele é também mais concreto e encarnado do que quando era pensado, nos termos da metafísica, como uma essência imutável. Porque a consciência é também o *sentimento*, ela pressupõe uma relação com o sensível:

> E tudo isso se fundamenta no interesse da felicidade, inevitavelmente ligado à *consciência*; pois, o que é consciente do prazer e da dor deseja que esse *si*, que é consciente, seja feliz. Assim, toda ação passada que não possa ser adotada ou *apropriada* pela *consciência* para este *si* presente, não pode também interessá-lo, como se jamais tivesse sido realizada, de sorte que, se viesse a ter prazer ou dor, isto é, recompensas ou castigos, em conseqüência de uma tal ação, seria o mesmo que se se tornasse feliz ou infeliz desde o primeiro momento de sua existência sem, de qualquer maneira, merecer isso. (§26)

O modelo de uma tal consciência que garante, no fluxo incessante "do que se passa" nela, um reconhecimento de si e uma identificação possível, não é mais a coisa, mas a personalidade moral como capaz de promessa e responsável por seus atos. A pessoa tem, assim, uma identidade de modo próprio, ligada à continuidade na duração de uma consciência em sentido moral. A instauração da personalidade a partir da consciência de si, no entanto, não supõe uma abstração como quando se fala de uma "pessoa jurídica": é antes uma consciência que habita uma sensibilidade, um "sentimento" que tanto busca as gratificações do prazer quanto evita as frustrações da dor. A solução lockiana conjuga, de fato, uma dimensão psicológica (ser consciente), uma dimensão lógica (a identidade), e uma perspectiva moral (a responsabilidade) e estética (o prazer), dimensões que reencontramos em Kant. A novidade da denominação assinala bem a invenção conceitual: o "quem" (ou *Self*) de nossas ações não é um "o que" (um "eu") – e, ao mesmo tempo, há sempre um "quem", um pólo de identidade que singulariza a pessoa. O "sujeito" não se *conhece* como "alguma coisa", não se identifica a esta ou aquela de suas propriedades ou de seus estados, mas se *reconhece* como aquele que agiu, pensou, sentiu. Ele não é nada além do "si" ou *Self* que se assume em uma "consciência de si", cujo conteúdo é inseparável da série de suas atividades.

Das análises de Locke, Kant retoma, antes de tudo, a função de unidade da consciência de si: é o "Eu penso" que "acompanha todas as nossas representações", no sentido de que temos consciência em uma unidade. Mas onde Locke introduzia, na falta de uma substância, um conteúdo psicológico na consciência de si, dotando-a, ao mesmo tempo, de uma memória que garantia sua identidade consigo mesma e uma responsabilidade moral, Kant a despoja completamente de todos esses atributos. O "eu penso" é uma função puramente lógica. É "o único texto da doutrina racional da alma" (A 344/B 402), escreve Kant; deve-se compreender como: não há nada a dizer sobre isso.

3. Mas para onde foi o sujeito?

No entanto, é exatamente com Kant e apenas com Kant que a questão será propriamente uma questão sobre "sujeito" e "subjetividade". Essa "subjetividade" não tem qualquer relação com uma "substância", mas sim com a "consciência de si" e os problemas suscitados por esse novo conceito. Pois, o que o sujeito se torna caso se siga a clarificação kantiana e sua distinção entre os fenômenos e os *noumena*? Ele fica dissociado, dividido em dois como o visconde de Calvino.[5]

À minha direita, o sujeito do conhecimento, o "Eu transcendental", do qual nada posso saber enquanto tal, uma vez que é precisa e necessariamente através dele que eu conheço. À minha esquerda, o sujeito empírico, ou seja, o que posso apreender de mim mesmo no fenômeno. A língua francesa sublinha bem a diferença de perspectiva entre o que só pode ser sujeito de um verbo e jamais objeto (*je*: *eu*) e o que serve para designar a si mesmo a partir de uma exterioridade (*moi*: *mim*, mas que, em alguns casos, pode significar *eu*). Mas sabe-se agora que não é evidente relacionar o sujeito tal como aparece na experiência ao sujeito tal como aquele que a constitui ao operar a síntese das sínteses da experiência; é mesmo rigorosamente impossível. Um é, sem dúvida, a condição do outro, mas unicamente na medida em que sua relação é assimétrica. A reflexão sobre meus próprios pensamentos, meu "mergulho" em mim mesmo, minha "introspecção" não podem me dar nada além da experiência de um *moi* sentido (em um "sentimento interno", temporalmente), mas jamais de um *moi* que sente ou um *moi* que conhece (no ato mesmo de apercepção, que não

---

5. Italo Calvino, *Il visconte dimezzato* [*O visconde partido ao meio*]. Tradução francesa: Paris, Le Livre de Poche, 1982.

pressupõe as formas puras da intuição). O *"je pense"* ("eu penso"), no entanto, significa alguma coisa; mas em caso algum, como o *cogito* cartesiano, uma definição positiva do que seria o *"je"* ("eu"). Não posso concluir nada disso. Há, pois, um desdobramento do "sujeito" que torna consideravelmente mais complexa a impressão de evidência de que ele se reveste entre os que falam línguas que recorrem a pronomes pessoais da primeira pessoa (lembremos que isso está longe de ser o caso de todas as línguas).

A função do "eu penso" é, assim, a de índice da "consciência de si" que "acompanha" todo ato cognitivo ou toda operação consciente: as sínteses da "percepção" são unificadas em um ato que não é mais da ordem de uma percepção, mas de uma "apercepção". A "consciência de si" é pressuposta, mas não pode tomar-se a si mesma por objeto ou, como exprime Kant, "afetar a si mesma". Não poderia haver uma "consciência da consciência", uma vez que "ser consciente de" diz respeito sempre a um nível diferente daquele do qual se é consciente ou do qual existe consciência. Se o mínimo de possibilidade de conhecimento ou de objeto se encontrasse nesse *"je"* ("eu") – por exemplo, se ele fosse capaz de "memória", como o sujeito de Locke –, então ele seria "psicológico" e, portanto, "empírico" (A 342/B 400), o aspecto ruim da experiência, e perderia seu valor de fundamento. Ora, este fundamento depende do estatuto puramente lógico do sujeito.

É por essa distinção decisiva que Kant pode propor a definição de sua própria filosofia crítica como um "idealismo transcendental" por oposição a um idealismo que seria apenas "empírico" (A 369). "Idealista", aqui, não significa aquele que acredita em ideais, nos amanhãs de canto ou no amor entre os povos. Tampouco é aquele que considera que existem apenas as "idéias" e que todo o resto é aparência, segundo uma versão bastante banalizada do platonismo. O idealista considera apenas que nós não temos acesso imediato aos objetos "exteriores" dos "sentidos", mas chegamos a eles sempre por intermédio da sensibilidade e de nossas percepções, em resumo, por intermédio das representações. Kant assume, assim, o estatuto puramente fenomênico do conhecimento. Ao mesmo tempo, ele pode ser tomado também por um "realismo empírico", no sentido de que as representações do sujeito remetem a um fenômeno que também tem sua matéria: eles são dados concomitantemente. Por essa razão, não há lugar para atribuir à consciência de si uma dignidade maior que à consciência dos objetos: apareço para mim mesmo como fenômeno no sentido interno exatamente como os objetos me aparecem como fenômenos no sentido externo. A separação não é mais entre o "fora" e o "dentro", mas entre aquilo de que tenho consciência, que é fenômeno, seja interno ou externo, e minha consciência. Assim, o "idealismo transcendental" é um "realismo empírico", no sentido de que "atribui à matéria, enquanto fenômeno, uma realidade efetiva que não tem necessidade de ser concluída, mas que é, ao contrário, imediatamente percebida" (A 371). Pode-se notar de passagem que a leitura de Schopenhauer, em *O mundo como vontade e representação* (1818), que faz de Kant um idealista vulgar, porque para ele "o mundo é minha representação", e busca completar essa doutrina com uma metafísica da vontade que fundaria, no nível noumênico, a superfície dos fenômenos, está distante tanto da intenção quanto da letra do kantismo.

O sujeito se compreende em sua relação com um objeto, eles estão juntos. Mas, vimos, Kant complicava as coisas ao avaliar que o "objeto" era constituído pelas operações do sujeito. Primeiro ponto: o sujeito está no objeto. Ao mesmo tempo, nem tudo do sujeito é "subjetividade" em sentido estrito, uma vez que o que aparece do sujeito no fenômeno, o que está submetido ao espaço e ao tempo, deve ser visto como "objetivo", tanto quanto as coisas as mais distantes. Assim, há um sujeito que é "objeto" e um objeto que é "sujeito". Mas onde está, então, o "sujeito"? Poderia até acontecer que não se o encontrasse ou, talvez, que ele estivesse dissimulado simultaneamente em muitos lugares.

Um dos paradoxos da empresa kantiana é, com efeito, que a própria instância em torno da qual se opera a "revolução copernicana" é tomada pelo turbilhão que ela mesma desencadeou. O sujeito em torno do qual se efetua a revolução deveria ele também fazer a sua. O que permite dar conta do conhecimento dos fenômenos e legitimar a ciência físico-matemática não basta para interpretar o próprio sujeito. Ao contrário, parece que se paga um preço exorbitante pelo fato de se conseguir repensar os fundamentos do conhecimento de maneira coerente a partir do sujeito. Pois herdamos um sujeito vazio, que é o autor principal das operações cognitivas, uma vez que ele reconduz as sínteses à unidade, mas do qual não se sabe nada: é uma pura forma lógica. Em face dele, encontramos um sujeito empírico, que é o sujeito tal como nos aparece em sua condição fenomênica. Mas este é, antes de tudo, um ser natural e, num primeiro momento, unicamente um ser natural.

O sujeito transcendental se encontra na impossibilidade constitutiva de pensar um outro sujeito tal como ele: encontra-se só em face da natureza que ele ordena em suas categorias, e na natureza ele deixa cair tudo o que de repente aparece, aí compreendidos os outros homens. Concebe-se, então, como, por se referir apenas ao sujeito do conhecimento, imputou-se ao sujeito kantiano a fria abstração de uma dominação técnica do mundo fenomênico (a natureza regida segundo leis), a incapacidade de ir ao encontro do outro ou de se pensar na continuidade de uma história e de uma sociedade humana (seriam, respectivamente, as críticas inspiradas de Heidegger, Lévinas e Hegel, mas poderiam ser acrescentados outros nomes). Seria, no entanto, tomar a parte pelo todo, ter os olhos inteiramente voltados para a *Crítica da razão pura*, e se precipitar. Se Kant se desembaraça de um sujeito do qual não se pode conhecer as propriedades metafísicas – por exemplo, a simplicidade, a imaterialidade ou a incorruptibilidade –, e se o concebe em suas operações, como uma atividade de juízo e de reflexão, ele não pretende dizer com isso a última palavra sobre a subjetividade.

4. *O sujeito sob o sujeito: o sujeito prático*

A razão, em seu movimento de unificação e de totalização, produz por si mesma, como se viu, "idéias transcendentais", a alma, o mundo e Deus, através das quais sua natureza prática se exprime. A razão é *interessada* fundamentalmente na liberdade. A delimitação do mundo dos fenômenos resgatou *negativamente* um espaço para a liberdade no qual é essencialmente realizada a destinação da razão humana. A vontade livre quer produzir o mundo da ordem dos fins. O mundo supra-sensível esvaziado das essências metafísicas pode ser reinvestido por uma metafísica da vontade.

A *Crítica da razão pura* não dizia outra coisa: sem dúvida é bom cumprir o dever "escolástico" da filosofia dando conta rigorosamente da possibilidade de conhecer o mundo mais perfeitamente; todavia, o uso da razão, se ela for pura, relaciona-se essencialmente aos desígnios do homem como ser racional e livre, o que Kant define pelo conceito "cósmico" ou *mundano* da filosofia, e é por onde a filosofia diz respeito a todo homem. É esse o "ideal do filósofo", é porque todo filósofo aspira a ser mais do que efetivamente é, um ator da razão universal, um "legislador da razão humana" (A 839/B 867), que se dirige a todos.

Tendo delimitado a esfera do que se pode conhecer, logo acrescenta que ela não esgota, longe disso, o conjunto das atividades da razão. Deixamos de estar condenados à opinião a partir do momento em que não estamos mais no registro de um conhecimento científico rigoroso, o que, para Kant, quer dizer físico-matemático. O mundo do "pensamento" deve, ao lado do conhecimento que a "natureza" nos oferece, receber investimento, porque ele permite ao homem articular suas exigências fundamentais, a começar pela liberdade. Que não se possa "conhecer" o que é do sujeito não é somente um limite prejudicial ou lamentável: é, ao contrário, o que permite a constituição do sujeito prático.

A primeira *Crítica* expôs do sujeito unicamente o que a tarefa de conhecimento do mundo natural requeria. Sem que Kant jamais tenha colocado explicitamente o sujeito no centro do questionamento que seus outros textos desenvolvem, é, no entanto, exatamente o aprofundamento das dimensões da subjetividade que ele persegue.

Lembremos que Locke tinha associado estreitamente a consciência de si ao sentimento de prazer e de dor que a impele a agir, fazendo-a buscar ou evitar objetos diferentes. Há um desejo profundo no coração do sujeito e a análise de Kant de modo algum o desconhece. Ele se recusa, entretanto, a ver nas sensações um motor legítimo do desejo. Pois se a razão é, em seu fundo, prática, se ela tende a produzir efeitos, se ela é desejo, este não poderia ser determinado por outra coisa senão ela mesma. Toda incursão da sensibilidade nesse nível pode ser apenas "patológica"; não que ela seja semelhante a uma "doença", mas porque ela coloca a razão em um estado de "passividade" (*pathein*, em grego, é sofrer). Kant não nega que o homem ou, dito de maneira mais rigorosa, "todo ser racional mas finito"

(*Crítica da razão prática*; V, 25), aspira a ser feliz; mas importa muito mais para Kant que ele seja *livre*.

Por trás do sujeito que conhece, mas não é conhecido, há, assim, lugar para um sujeito que constitui, a partir de si mesmo, o domínio de sua ação, isto é, um sujeito que constrói o mundo da liberdade. Kant reconhece que o sujeito é habitado, no fundo de si mesmo, por um sentimento de prazer e dor, mas contesta que esses apetites ou essas rejeições, cuja motivação é inteiramente sensível, possam fornecer o apoio para uma legislação universal da ação livre. Isso só pode ser o feito de uma faculdade de desejar "superior", ou seja, determinada não pelas representações particulares, sensíveis ou intelectuais, mas unicamente pela forma universal da razão.

Kant fundamenta toda a possibilidade de sua moral na identidade da vontade livre consigo mesma: uma vontade que quer a si mesma é verdadeiramente *livre*, no sentido de que é *autônoma*, decidindo seu objeto a partir de si mesma e de nenhuma outra coisa. Essa identidade se exprime na lei moral universal. Não pode haver autonomia senão sob a condição de supor que todo ser "racional mas finito" só pode obedecer a sua razão: se a matéria dos fenômenos é abandonada às relações causais do mundo da natureza, a pura forma de uma lei da razão resgata o domínio de uma vontade livre. É a forma da lei que garante a objetividade da moralidade da ação, ao passo que toda consideração sobre conteúdo ou intenção abandoná-la-ia ao arbitrário de cada um. Kant não ignora que nós temos inclinações, mas não se pode fundar nelas a moralidade de nossas ações.

5. O sujeito perante a lei

A liberdade é uma "idéia"; como tal, ela não aparece na experiência, só podendo ser apreendida pela via formal de uma obrigação que a vontade racional impõe a si mesma. Esse fundamento último da liberdade é a lei da razão prática: a *lei moral*, Kant diz que ela é um método (*ratio cognoscendi*) para conhecer a liberdade e que, inversamente, a liberdade é como um conteúdo (*ratio essendi*) da lei moral (V, 4). Podemos operar sobre a forma, que é *objetiva*; mas a aposta é sempre o ser da liberdade que devemos *fazer acontecer*.

A vontade pode determinar a si mesma dando-se por máxima de ação a lei universal da razão prática, que é, precisa Kant, a "pedra fundamental de todo o edifício do sistema da razão pura". Kant sustenta que o conhecimento do mundo fenomênico e de suas conexões causais não esgota o campo da mente humana; ao contrário, a delimitação fenomênica do mundo natural se inscreve no projeto grandioso de uma metafísica da liberdade. Uma tal metafísica deve ser pensada não como o reconhecimento de uma realidade ideal preexistente, mas como algo a ser completado a partir da lei moral, que é a forma última da razão prática.

A lei moral pela qual Kant pretende interpretar e fundar a liberdade – resgatando ao mesmo tempo o campo de uma subjetividade prática – é assim formulada, no § 7 da *Crítica da razão prática*:

> Age de tal modo que a máxima da tua vontade possa valer ao mesmo tempo como princípio de uma legislação universal. (V, 30)

A forma é essencial: é porque ela impõe universalmente e *a priori* uma direção à vontade que ela escapa à submissão a um fim exterior, à heteronomia. O imperativo da moral é *categórico*, no sentido de que se impõe a mim em todos os casos, quaisquer que sejam as circunstâncias, segundo uma necessidade implacável. Ele se opõe fundamentalmente a um imperativo *hipotético*, que seria dirigido apenas pela prudência ou pelo exame prévio das circunstâncias, sob a forma "Se A, então B", assim, "Devo fazer tal coisa porque quero tal outra". Uma lei de que se pode organizar as modalidades de aplicação de acordo com sua conveniência não é mais uma lei. É só porque há uma obrigação incondicional que a lei moral pode ser universal, e é unicamente enquanto lei universal que posso querê-la incondicionalmente. Agir moralmente coloca-nos em situação de universalidade: a razão se afirma claramente em nós como prática. Nesse nível, e quaisquer que sejam as diferenças individuais, um homem vale o mesmo que outro, não por ter efetivamente um "valor" equivalente, mas em virtude de sua mesma *dignidade*.

A razão prática supõe o cumprimento conjunto das máximas do senso comum (ver "A razão como senso comum", p. 35-7), máximas que colocam a razão em perspectiva: desejamos por nós mesmos a lei, é a condição da autonomia; nós a desejamos como se estivéssemos no lugar de qualquer outro ou como se qualquer outro estivesse em nosso lugar, é esta a sua universalidade; nós a desejamos para nós mesmos como para os outros, anteriormente e posteriormente, é a condição de sua conseqüência. Precisamos agir sem incoerência interna, na forma da vontade universal, mas também sem nos contradizer: isso vale perfeitamente para o nível de nosso discurso e para nossos atos, mas sobretudo para a relação entre nossos atos e nossos discursos.

Há neste ponto um importante tema fundado por Kant e que foi interpretado por determinados filósofos contemporâneos a partir das condições de argumentação: se digo algo diferente do que faço, sucumbo ao erro lógico (logo moral) da "contradição performativa". Essa contradição não é puramente lógica em sentido estrito, ela envolve meu comportamento, apontando uma discordância entre meus atos e meu discurso. Dito de outra maneira, no momento em que falo alguma coisa sob o modo de verbos que tendem a produzir um efeito no mundo social, como uma ordem, um juramento, uma promessa – esses verbos que são designados em lingüística como "performativos", porque têm a propriedade de completar "atos de linguagem" –, minha ação é de tal maneira implicada no meu dizer (e reciprocamente) que podem entrar em contradição. As formas de uma tal contradição são diversas, da má-fé à mentira (se dirijo um Mercedes e digo àquele que passa: "sinto muito, meu amigo, não tenho um centavo"; ou se sou militante pela paz e, ao mesmo tempo, tenho ações da Matra ou da Boeing). Nesse caso, enunciamos uma lei universal, "é preciso agir assim ou pensar isso", ao mesmo tempo em que nos preservamos de segui-la por nossa própria conta. Pode-se, assim, interpretar o *Tartufo* de Molière como um tratado de contradição performativa, uma vez que o devoto não deixa de proclamar seu amor pelas coisas celestes e pelas sublimes coisas místicas da religião, enquanto manifestamente não fica inteiramente insensível a outros atrativos, mais terrenos.

A revolta contra essa forma de duplicidade – que não significa a rejeição completa da ironia – é fundamental em Kant, a ponto de ele ver na mentira o primeiro dos pecados, interpretando a queda do Gênesis como uma conseqüência da mentira (VI, 431). A exigência moral é compreendida antes de tudo como uma exigência de coerência formal: posso, segundo o filósofo Karl Otto Apel, deduzir a necessidade disso por uma simples reflexão sobre as pressuposições de meu discurso. Falar a outro pressupõe, com efeito, como condição de validade universal, que eu diga a verdade, não porque a possibilidade da mentira seja ignorada por Apel, mas porque a própria mentira só pode ser produzida sob a esperança comum da verdade.

Essa esperança ou pressuposição funciona como um pacto tácito entre os interlocutores.[6]

6. A universalidade da lei

No plano da moralidade, não seria o caso de exceção e, sobretudo, o de me excetuar desses comandos, mas unicamente de *aplicação*. Mas não seria fazer profissão de submissão exatamente quando se pretende assentar a liberdade do sujeito? Concordar-se-á que o que Kant compreende por liberdade está bem longe do que se entende ordinariamente por isso, a saber, o fato de se poder fazer o que se quer. Kant, por sua vez, poderia retomar essa definição levemente frouxa da liberdade, mas precisando que "o que se quer" não pode ser "não importa o quê". A concepção do "imperativo categórico" foi objeto de sarcasmos infindáveis; pensava-se reencontrar nela uma rigidez bem prussiana e, para falar explicitamente, a sombra do militarismo. Essa reticência só pode ser explicada pela idéia que se faz do sujeito como um indivíduo livre de coerções, encorajado a aproveitar a vida, a se afirmar (mesmo que em detrimento dos outros), a "dar certo", em suma, como dizia Locke (e Aristóteles antes dele), a "buscar a felicidade". Admite-se como evidente em si a antropologia individualista que acompanhou o progresso do liberalismo econômico, já que os sucessos deste pareciam conferir a ela um tipo de evidência e como que uma "confirmação" empírica.

---

6. De Karl Otto Apel, pode-se ler a obra *L'Éthique à l'âge de la science (l'a priori de la communauté communicationnelle et les fondements de l'éthique)* [*A ética na idade da ciência (o a priori da comunidade comunicacional e os fundamentos da ética)*], tradução francesa, Lille, Presses Universitaires de Lille, 1987. Ver igualmente K. O. Apel, *Discussion et responsabilité* I *(l'éthique après Kant)* [*Discussão e responsabilidade* I *(a ética segundo Kant)*], tradução francesa, Paris, Cerf, 1996.

Kant não ignora essa lógica das paixões e dos interesses que produziu uma forma de racionalidade coletiva fundada no conflito entre os indivíduos.[7] Ele se insere também, largamente, nessa tradição. Apesar disso, ele não compreende o homem unicamente a partir da perspectiva do interesse próprio; permanece considerando que o homem pode preferir a liberdade, ou seja, o universal e não o particular. Contemporâneo da Revolução Francesa, realmente concebe que se possa lutar (e morrer) pela liberdade, pelo direito. É, pois, manifesto que Kant resiste à redução da liberdade a um "poder fazer" isso ou aquilo, assim como não vê na afirmação de si o princípio da subjetividade.

Com efeito, se Kant submete o sujeito à lei moral, é para devolver-lhe sua autonomia, em outras palavras, para liberá-lo de suas vontades particulares, da preocupação com seu interesse próprio. O sujeito kantiano é livre quando consegue se desprender de seus desejos espontâneos e não quando lhes obedece. O momento instaurador da subjetividade prática é, pois, uma crítica radical do sujeito empírico e de seus desejos particulares.

O amor-próprio, e Kant não é o primeiro a dizê-lo, é um tirano. O eu, esse pequeno deus, é odioso. Recordemos Pascal, que havia denunciado isso com acuidade incomparável:

> É injusto em si, no fato de se fazer centro de tudo; é incômodo para os outros, pelo fato de ele querer escravizar, pois cada eu é o inimigo e deseja ser o tirano de todos os outros. (*Pensamentos*, 494)[8]

---

7. Ver, sobre isso, o pequeno livro de A. O. Hirschmann, *Passions et intérêts* [*Paixões e interesses*], Paris, PUF, 1982.
8. Blaise Pascal, *Pensées* [*Pensamentos*], ed. Philippe Sellier, Paris, Mercure de France, 1976.

Tentar satisfazer todos os seus desejos leva à angústia. O risco está bem mais presente em nosso mundo que no de Kant, o que não o impediu de fazer uma análise fina das armadilhas do desejo. O sujeito pode e deve encarar o abismo de sua própria liberdade submetendo-se à lei universal que o desapropria de si mesmo como ser particular para o instaurar como pessoa. Essa conversão do sujeito ao universal, mas a um universal imanente que ele se dá a si mesmo na *formalidade* de sua razão, é o que constitui o sujeito kantiano como sujeito prático. Para entrar no "interesse da razão", que está no fundo da liberdade, o sujeito deve se desembaraçar de sua particularidade, da preocupação egoísta consigo mesmo, de seu interesse próprio: ele deve se *desinteressar* dos objetos particulares para se *interessar* apenas pela liberdade. Essa *experimentação da lei é, para o sujeito, uma liberação de si que dá lugar ao si livre, o sujeito da liberdade.*

Assim como na ordem do conhecimento o *"moi"* ("mim") e o *"je"* ("eu") não se encontram, na ordem da liberdade o *"moi"* e a "pessoa" são dois. A *crítica* da razão prática se esforça para resgatar e separar o verdadeiro sujeito da moralidade que é a *pessoa*. Mas esse sujeito moral parece permanecer abstrato: como ele pode passar à ação? O que pode impulsioná-lo a agir e a agir querendo o bem? Como ele se mostra relacionado à lei?

Kant surpreende aqui ao reconhecer que um sentimento tem seu lugar na economia da ação moral. Mas o sentimento que ele escolhe é profundamente paradoxal. A obrigação moral se traduz, segundo ele, por um sentimento cuja singularidade é a de excluir todos os outros. Esse *sentimento da lei* é o respeito.

7. O respeito: *um sentimento paradoxal*

Se a empresa da *Crítica* visa distinguir as coisas, isolando o puro, o *a priori* e o transcendental, do que é empírico ou patológico, Kant, apesar disso, não ignora que o sujeito é sensível e particular. Ele pensa simplesmente que, sendo razão e, portanto, liberdade, o sujeito não é corretamente interpretado se o for apenas no plano da particularidade, como fazem os empiristas. Estabelecendo a lei moral como a única formulação rigorosa da liberdade, ele vê perfeitamente o que lhe pode ser objetado: o que leva um sujeito a se impor uma tal coação se esta não lhe traz, imediatamente, nenhuma gratificação, proporcionando-lhe, antes, um forte desagrado? Posso, é claro, me persuadir intelectualmente da necessidade de seguir essa lei, mas isso poderia não ser suficiente. É por isso que Kant analisa longamente e de maneira fina a relação do sujeito "racional mas finito" com a lei a partir do sentimento de respeito.

A lei moral impõe ao sujeito que ele se libere de todas as suas volições particulares, que ele renuncie, portanto, à busca de seu interesse próprio: ora, essa eliminação de todos os sentimentos produz em nós, por sua vez, um sentimento, isto é, nós nos sentimos efetivamente afetados pela representação da lei. A lei moral é uma representação que enunciamos em conformidade com nossa razão prática – e essa representação mesma, que é feito nosso, nos abala. A análise de Kant é audaciosa, uma vez que se trata de mostrar que o que é apenas uma forma (nossa representação) pode suscitar uma afecção. Assim, com relação a nossa representação, nós nos comportamos passivamente. O sujeito se torna passivo em relação ao que ele mesmo produz. Diferentemente de qualquer outro sentimento suscitado por uma representação particular preexistente, sensível ou não, o sentimento de respeito é o efeito da pura forma da lei. Ele é, pois, completamente *a priori*, não tem nenhuma ligação com a experiência. Convém detalhar os momentos dessa auto-afecção excepcional.

O respeito é, antes de tudo, um sentimento negativo: sou contrariado em meu impulso por essa imposição que me aparece como exterior e coativa. O sentimento que experimento é o sentimento de desagrado. A lei moral é uma violência para nós. Nossa espontaneidade, nosso amor-próprio são rebaixados, humilhados. Sou efetivamente seu autor enquanto razão prática, mas sou submetido a essa lei enquanto indivíduo particular.

A ruptura se consuma no sujeito: ele deve abandonar seu querido "*moi*" para ser uma "pessoa", instaurada pela lei moral em ser de liberdade. Mas esse abatimento é também o lugar de uma reabilitação do sujeito que, pela lei, se torna consciente de sua própria dignidade como participante da ordem da liberdade.

O acesso à liberdade passa por um sentimento contraditório. A dor da humilhação instaurando a distância de si que a exaltação da própria dignidade vem preencher. O sujeito livre não é menos sensível; ao contrário, o sentimento de respeito exprime precisamente a liberdade moral sob a condição da finitude.

O rigorismo imputado à concepção kantiana da lei moral provém de um erro de perspectiva. A *Crítica da razão prática* visa estabelecer um princípio, a possibilidade e a necessidade da liberdade como autonomia para o ser finito que nós somos, mas não resume – longe disso – o conteúdo da doutrina moral de Kant. É na *Doutrina da virtude* que ela pode ser encontrada, sob uma forma claramente menos assustadora. Que a lei e a obrigação sejam os critérios da moralidade das ações, isso não exclui que a vida moral dê lugar às tendências e às satisfações. Basta que essas tendências e satisfações não intervenham a título de motivo da ação.

Há, realmente, uma radicalidade do juízo moral, no sentido de que ele nos impõe, virtualmente, a erradicação de qualquer tendência particular e a submissão incondicionada ao universal da lei. Sem esse momento de desapropriação, não há moralidade: é a desapropriação que fornece o critério da ação moral, diferenciando-a de uma ação simplesmente conforme à moral. Mas se a obrigação é de fato categórica, isso não implica que o conteúdo da moral se situe sempre nessas alturas, o que seria cair no místico ou na *Schwärmerei*.[9]

Além disso, é porque não os perde jamais de vista que Kant se dirige a seres sensíveis, e insiste sobre o papel do sentimento, reinterpretando, como sublinharam muitos comentadores, análises que se encontram, por exemplo, em Pascal, em seu *Discurso sobre a condição dos grandes*: o respeito se impõe por si mesmo, não pode, em nenhuma hipótese, ser extorquido por um poder ou um "hábito".

Essa descrição do respeito corresponde bem à experiência que podemos ter dele, mas Kant confere-lhe uma significação filosófica eminente, ao relacioná-lo à lei moral: ele se torna o único sentimento da razão.

O sujeito moral kantiano é o sujeito capaz de se liberar de seu interesse particular para se elevar ao universal, isto é, a si mesmo, uma vez que nada mais faz que afirmar, por meio disso, sua autonomia. A destituição do *moi*, no respeito, é assim a instituição da pessoa.

8. *A relação com o outro*

O sujeito do conhecimento só tinha acesso ao outro sob o aspecto de seu fenômeno. O outro não é nem mais

---

9. O termo designava, na época, a exaltação, o entusiasmo descontrolado, uma espiritualidade sentimental voluntariamente irracional, tendo um gosto imoderado pelas quimeras. Kant se opõe constantemente a isso.

nem menos que um objeto qualquer da natureza. Indiretamente, no entanto, a convergência da constituição do mundo objetivo em vários sujeitos, levando em conta suas perspectivas próprias, fornecia o solo de seu acordo na objetividade. O sujeito moral tem um acesso mais direto aos outros?

Se a lei é aquilo que introduz cada um na ordem moral, fazendo-o tomar consciência de sua liberdade como autonomia, é antes de tudo por seu intermédio que reconheço o outro como pessoa. Dito de outra maneira, respeito no outro a lei: é a partir da lei, enquanto "sujeito da lei", que o reconheço como uma outra liberdade. A singularidade da pessoa é secundária em relação à submissão à lei. É a partir da lei que reconheço o outro.

O reconhecimento não é, pois, imediato, tampouco dependendo do encontro das consciências, sob o modelo de uma "luta pelo reconhecimento" tal como o desenvolverá Hegel, que poderá ver, aí, uma insuficiência da concepção kantiana da intersubjetividade, uma vez que reconheço o outro em relação a um terceiro, a lei moral, e não *em* e *por* ele mesmo. O fundamento do reconhecimento permanece, assim, relativamente exterior a cada um: ele reside na participação de uma mesma origem, mas os corpos não estão diretamente implicados. É com Fichte e Hegel que a relação com o outro será pensada em sua dimensão mais concreta da experiência do encontro de corpos.

O respeito mútuo que as pessoas têm umas pelas outras provém de sua submissão comum à lei; trata-se de uma relação ao mesmo tempo imanente e vertical com a universalidade da lei. Essa relação é *imanente*, uma vez que não faz nada mais que me colocar em minha consciência de minha autonomia; em certo sentido, nada mais faço que me relacionar comigo mesmo. A lei é minha – o que é ditado pela autonomia –, posso, pois, obedecer-lhe *sem alienação*. Entretanto, a relação é *vertical*, no sentido de que designa como que uma ordem superior de realidade, uma vez que a lei moral surge no homem como maior do que o homem, *como se* fosse divina. Ela é em mim maior do que eu. O caráter absoluto da obrigação me transcende e me institui como ser moral. Não posso conceber a lei senão como excedendo minhas capacidades de sujeito finito. É por isso que a assimetria entre os sujeitos morais e a lei moral pode ser compreendida em analogia com a transcendência dos Dez Mandamentos revelados a Moisés. Kant reinterpreta manifestamente em termos de imanência e de razão prática o caráter sublime do imperativo bíblico, que apresenta as leis como um dom único e uma obrigação absoluta do Senhor para Moisés. Mas ele não percebe que, assim, a lei é em si mesma enigmática, como a liberdade?

A intersubjetividade moral se constitui, por intermédio da lei, em uma relação desigual entre as pessoas e a lei. Essa intersubjetividade não parte da experiência de se viver junto, diferentemente das éticas "concretas", seja em Aristóteles, para quem o homem é tranqüilamente tomado no quadro da vida coletiva, em sua dimensão "política", seja em Hegel, que pensa a integração recíproca das dimensões privadas, sociais e políticas da vida humana. Este é, seguramente, um dos limites da posição kantiana, que é a contrapartida de sua preocupação de distinguir rigorosamente as ordens. Mas o ganho dessa abstração é retirar a questão moral de qualquer situação particular, nas quais, inevitavelmente, o cálculo de interesses tem um papel. Fazendo da prescrição um dado prévio, Kant se dá os meios de discriminar a ação moral.

9. *Os limites da autonomia*

Kant reconhece, nos textos em que elabora os conceitos fundamentais de sua moral, que é difícil estabelecer sempre a ligação entre o homem sensível e fenomênico e o homem noumênico, livre e autônomo. Se a lei e o imperativo moral são prioritários, precisa-se, todavia, do paradoxo do respeito como sentimento (sensível) da razão (pura prática) para permitir sua aplicação. Há, assim, no coração do ato que sela a autonomia do homem livre, como que uma falha que exige o rebaixamento primeiro da sensibilidade: é de fato preciso que eu seja sensível à lei para me separar, graças a ela, de toda a sensibilidade, de qualquer interesse particular, de todo o amor-próprio. A autonomia passa não somente pela renúncia à vontade própria, mas também pela afecção do sujeito pela representação da lei que ele dá a si mesmo. Ele suporta, assim, o efeito violento de sua própria representação. A lei é enunciada por ele, mas seu conteúdo o coloca em questão. O comando que realiza a liberdade enunciada na lei apodera-se dele como se viesse de alhures. O movimento que me libera, isto é, o movimento mesmo de minha autonomização, é produzido através da experiência de uma passividade que parece imitar a heteronomia.

O fato de o coração da concepção kantiana da liberdade ser marcado por uma tal passividade, mesmo que ela seja passageira, indica bem a complexidade dessa moral – bem diferente de um pensamento imediato de auto-afirmação, pois é o abandono de si que condiciona nele a certeza de agir. O momento da desapropriação é necessário para o acabamento da autonomia, que não é, pois, primeira.

E como temos consciência dessa liberdade? Nós a conhecemos, sem dúvida, pela lei, mas como chegamos a essa consciência da lei? Kant a qualifica de "fato da razão" (V, 51). Aqui, também, a admiração é possível: como, então, aquilo mesmo que está no cume da construção kantiana, a qual adota como percurso geral se interrogar sobre as "condições de possibilidade" de cada conhecimento, desemboca finalmente em um "fato"? Haveria um empirismo "superior" no fundo da filosofia transcendental? Dito de outra maneira, toda a reflexão colocada em ação se deteria diante da sacrossanta moralidade, escolho dogmático no qual viria naufragar a filosofia crítica? Kant jamais escondeu que há, aí, um enigma ou no mínimo alguma coisa de "incompreensível" (V, 8; IV, 463). Mas importava-lhe, sobretudo, estabelecer "a incompreensibilidade do imperativo moral", isto é, preparar o entendimento para reconhecer seus limites diante da razão. "Fato de razão", por outro lado, sem dúvida não é para ser compreendido como "um fato", mas como "o que é feito", a saber, "efetuado, produzido pela razão". Se for assim, é porque a razão prática se exprime melhor em um imperativo que exorta à ação: não estamos nem na ordem dos fatos nem na do ser, mas sim na ordem da ação e do "dever ser" (*sollen*, em Kant)[10], ou ainda do "a fazer", rumo a uma tarefa moral. É completando-a que chegaremos a nossa humanidade em sua dimensão mais elevada. O sujeito moral se descobre como dado a si mesmo na consciência da lei; esta se impõe a ele não como um fato empírico – Kant sublinha isso –, mas como a manifestação de sua autonomia. É uma "proposição sintética *a priori*", em si mesma indeduzível, que se impõe à razão e não à intuição (como faria um simples fato) e constitui o sujeito como sujeito da liberdade.

10. *A cultura da autonomia*

A separação entre os mundos da natureza e da liberdade foi radical, a ponto de se poder pensar o sujeito

---

10. Em alemão há duas maneiras de exprimir a idéia de necessidade: "*müssen*", que designa uma necessidade física, ancorada nas coisas, e "*sollen*", que remete a uma obrigação moral, a um dever, a uma expectativa subjetiva.

suspenso entre um mundo fenomênico, no qual é, no entanto, preciso de fato habitar, e uma destinação moral, cujo desafio principal parece permanecer inocente. Mas o mundo aqui de baixo permite verdadeiramente que se obedeça à lei de bronze da moralidade que aniquila em nós todo desejo particular? O sujeito parece esquartejado entre um puro "conhecimento" e uma pura "obediência". Kant, comentar-se-á, tenta de fato recolher adiante os pedaços, mas talvez seja tarde demais. Como preencher esse "abismo" (V, 195) entre a natureza e a liberdade, ele se perguntará, começando sua terceira *Crítica*?

Antes de ver como esta contribui com uma profunda renovação dos temas e das perspectivas de Kant, mostrando-nos realmente uma filosofia em ato, pronta a submeter à discussão este ou aquele ponto, precisamos observar que a análise do sujeito moral fornece já orientações para compreender sua inscrição no mundo. A posição central do fenômeno do respeito permite conceber ao mesmo tempo o caráter puro da motivação, que é o objeto do percurso argumentativo crítico, e uma relação com a sensibilidade. Mediante isso se abre a possibilidade de trabalhar os hábitos e as disposições ordinárias dos sujeitos para facilitar neles o desenvolvimento da lei moral. É no respeito que se pode "enxertar", diz Kant, toda "boa intenção moral" (V, 161). Há, pois, um terreno de exercício para uma cultura moral ou uma educação da pessoa sobre a base dos princípios admitidos e no reconhecimento do caráter absoluto do dever, mas que investe plenamente na sensibilidade.

Por meio disso, Kant recupera toda uma dimensão, a qual é freqüentemente acusado de ter ignorado, a saber, a pedagogia moral. Uma coisa era estabelecer o princípio em sua pureza total, outra, explicar sua aplicação à diversidade humana, o que supõe o trabalho da cultura. Convém distinguir duas ordens na argumentação: em um primeiro nível pode-se constatar que a indústria dos homens produz ao longo das eras um certo número de aperfeiçoamentos nas técnicas e no comércio que contribuem para transformar a humanidade em seu conjunto, mediante um trabalho dos homens sobre os homens, eventualmente por meio das guerras e da violência; em um segundo nível, esses progressos são retomados pela perspectiva de uma racionalização e de uma pacificação, quando os homens se dotam de quadros jurídicos para regrar sua vida em comum. Esse estado civil (cuja busca Kant transforma em um dever nosso) torna possível, por sua vez, o desenvolvimento de uma cultura moral na qual basta reunir as condições para uma livre eclosão das disposições morais.

Enquanto dever, a escolha da moralidade deve ser livre: é preciso sempre imaginar que é possível eximir-se dele. Mas nesse caso adota-se uma atitude contraditória, uma vez que se participa, então, do jogo social sem se submeter à regra das regras, que é se engajar com sinceridade. De um ponto de vista estritamente kantiano, a forma da imoralidade que cultiva a contradição como uma arte tem qualquer coisa de diabólico – o Mefisto do *Fausto* de Goethe não se apresenta como "o espírito que tudo nega"?

A *Doutrina da virtude*, que desenvolve uma "metafísica dos costumes" uma vez fundada a moral mesma, mostra como a moralidade pode investir no campo da sensibilidade e nos domínios mais concretos da casuística cotidiana. Ela aborda casos de exceção que a perspectiva dos fundamentos da moral excluía de modo absoluto. Mas essa reapropriação da sensibilidade pela moral supõe passá-la pela peneira da lei. A máxima das ações deve remeter à fórmula da lei como seu único fundamento.

Kant rejeitou vigorosamente qualquer recurso a sentimentos em matéria de moral, particularmente a invocação de um "sentimento moral" mal definido ou a dobra sobre a piedade, pela boa razão de que eles não podem nos fornecer nenhum critério rigoroso para determinar a máxima de nossa ação. Eles nos abandonam ao arbitrário e nos enganam duplamente: com efeito, invocar uma moral da piedade é uma maneira de se atribuir o belo papel de manifestar sua fé em uma natureza humana visceralmente "boa". É a solução mais propalada no século XVIII, tanto entre os pensadores ingleses como em Rousseau; essa solução é ao mesmo tempo "moderna" e "humana". Quem procura alhures razões para agir passa por alguém sem coração. Pode-se, além disso, observar que a compaixão, tornada completamente psicológica (isto é, agora que ela não é mais explicitamente relacionada ao cristianismo e legitimada por ele), invadiu largamente a cabeça de nossos contemporâneos. Com efeito, ela supõe uma confiança tão forte em uma ordem do mundo da providência e uma indignação tão justa contra as infelicidades infligidas às vítimas inocentes, que não se extasiar diante dos generosos impulsos de nossas obras humanitárias seria uma falta de polidez ou mesmo um mau gosto. Entretanto, Kant se distancia bastante disso.

Aos olhos dele, a compaixão nada mais poderia ser além de uma forma alargada de narcisismo: eu me imagino (como indivíduo singular) no lugar do outro, que sofre, e sou solidário com ele pela razão inconfessável de que não desejaria estar efetivamente em seu lugar. A personalidade moral, ao contrário, está liberada dessa ligação estreita com "sua pequena pessoa": ela visa diretamente ao moralmente justo. Nessa crítica da piedade como engano moral, Nietzsche se juntará a Kant, o que é de surpreender, já que se conhece a importância da moral para este e seu desmascaramento por aquele, particularmente em sua *Genealogia da moral*. Mas Kant a exclui sem complacência, porque de um sentimento como a piedade nada pode ser universalmente concluído.

De fato, se houver um pouco de distanciamento na consideração dos movimentos de compaixão de que são tomados periodicamente os cidadãos das sociedades industrializadas em relação às populações distantes, despossuídas, atingidas por uma catástrofe natural ou por guerras mortíferas, pode-se apenas observar a extrema volatilidade do sentimento de compaixão: se o primeiro movimento é, certamente, sempre louvável, a escolha do objeto para o qual ele se dirige dá mais a impressão de arbitrário do que de justiça. Considerada rigorosamente, a moral kantiana tende a substituir impulsos generosos, mas contingentes, por uma justiça efetiva. Contra a casuística da compaixão, que se apóia sobre a emoção, Kant defende a universalidade de uma justiça referido a princípios. Não é preciso dizer que a moral kantiana é extemporânea. Considerada em sua alma, muitas "éticas" contemporâneas seriam consideradas "imorais".

Por isso, quando o fundamento das ações está assegurado, isto é, quando eu ajo por respeito, o jogo sobre os sentimentos é lícito. Nunca se poderia tratar de sentimentos que determinam a vontade, mas isto sempre poderia ser feito com sentimentos determinados pela educação, pelo hábito e pela disciplina. A partir do respeito ou do sentimento da dignidade de cada pessoa, que devo considerar como fim em si, uma disposição moral pode ser adquirida e se consolidar na prática corrente. A cultura moral supõe uma reinterpretação dos comportamentos comuns a partir do ponto de vista da lei como critério formal universal de todas as ações. Mas não estaria em questão, como Kant expõe claramente nos *Fundamentos da metafísica dos costumes*, inventar uma nova moral como se, até então, os homens não soubessem como convém agir. Para Kant, trata-se unicamente de pensar a moral tal como ela é reconhecida universalmente, fundamentando-a por uma formulação rigorosa de seu principio. O percurso argumentativo crítico é, assim, fiel ao que lhe é prévio: ele pretende refletir o dado ou os usos, perguntar-se em que condições um conhecimento necessário ou uma ação por dever são possíveis, e fornece modestamente o resultado de suas análises que passam por rigorosas distinções entre os domínios e os registros.

11. O sentimento do sujeito I: entre dois mundos

A análise do sentimento de respeito é notável por apresentar uma interpretação da subjetividade como "relação consigo". O sujeito afeta a si mesmo, uma vez que ele experimenta um sentimento que o abala; ele fica, assim, passivo, mas passivo em relação a uma representação da qual ele é, além de tudo, o autor, a saber, a lei moral. Esse paradoxo define o espaço de uma subjetividade transcendental que deve ser pensada como a relação prévia consigo mesmo, relação essa que distingue uma subjetividade "racional mas finita": experimento minha destinação prática ou, ainda, descubro que sou "razão prática" por um sentimento que me lembra logo que sou finito e sensível.

Essa interpretação é extremamente fecunda, uma vez que permite a Kant escapar do dilema que determinou bastante as oposições na história da filosofia: ou bem, em uma perspectiva "empirista", o sujeito seria um receptáculo passivo de impressões e de "idéias", ou bem, segundo uma tradição "idealista", ele teria em si mesmo alguma centelha divina que lhe garantiria uma destinação mais elevada. Pensando, ao contrário, o sujeito como capacidade de se afetar por uma forma universal, Kant desloca a maneira de colocar o problema. Ele isola o que define a "subjetividade" das características ordinárias do "sujeito", compreendido em relação a um indivíduo psicológico, e, ao mesmo tempo, desfaz a solidariedade entre a subjetividade e a oposição sujeito/objeto. O "sujeito" da "subjetividade" não se reduz à consciência de si, ao "eu penso" transcendental implicado no conhecimento. Ele se compreende como *sentimento*, ao mesmo tempo aberto a uma exterioridade e recuperado em uma unidade. A ligação com a sensibilidade é indissociável de uma consciência da unidade, o que distingue o sentimento das sensações que são dadas em sua multiplicidade. No sentimento se esboça uma primeira forma da consciência de si, um "sentimento de si" que corresponde a uma compreensão espontânea da subjetividade: a originalidade de Kant está em fornecer uma interpretação conceitual refinada dessa experiência comum, à qual ele consegue relacionar as figuras mais "abstratas" dos sujeitos teóricos e práticos.

Mas o que Kant não é ainda capaz de pensar é a *singularidade* do sujeito. As duas abordagens da subjetividade apresentadas pelos estudos do entendimento que conhece, de um lado, e a razão prática, de outro, só permitem a apreensão da subjetividade sob o modo da universalidade. O "Eu transcendental" só opera enquanto forma lógica que garante a necessidade da aplicação das categorias ao diverso da sensação; o respeito é apenas o efeito em mim de uma auto-imposição absoluta, na qual só conta o que em mim pode ser elevado à obrigação categorial. É manifesto que, tanto num caso como no outro, não se trata de se preocupar com a particularidade subjetiva. A "subjetividade" é uma categoria da universalidade.

Ora, essa sensibilidade, pela qual nós somos finitos, deve ser pensada por si mesma. O particular foi subsumido sob as categorias universais para que fosse conhecido; ele foi, em nós e fora de nós, ordenado para a lei universal que estabelece a destinação moral do homem. O lugar do sujeito parece estar entre os dois, entre um mundo natural no qual tudo se reduz a encadeamentos causais e um mundo da liberdade no qual só vale a obediência ao imperativo categórico. Poder-se-ia ilustrar essa situação pelo que Pascal escreve da condição humana: o homem não é nem anjo (puro sujeito moral) nem besta (puro sujeito sensível), mas pode se aproximar do segundo ao querer fingir o primeiro, pois quem quer dar uma de anjo acaba como besta:

> Não é preciso que o homem creia que ele é igual às bestas nem aos anjos, nem que ele ignore um ou outro, mas que ele saiba um e outro. (*Pensamentos*, 154, ed. Sellier)

O sujeito que é, ao mesmo tempo, entendimento e razão prática, é cidadão de dois mundos, o que põe, em termos kantianos, o problema da configuração da subjetividade (há outro sentimento puro além do respeito?) e o das formas da liberdade (como se pode apreendê-la no mundo fenomênico se ela é só uma idéia?).

12. *O sentimento do sujeito II: da subjetividade*

O sujeito se conhece, antes de tudo, ao experimentar seus poderes, de um modo funcional: ele conhece, ele age. Essas aptidões, poder ser e poder fazer, não são justapostas, como se o sujeito as aceitasse ao lado de outras. São, antes, a expressão de um aprofundamento na compreensão do sujeito: assim como o sujeito do conhecimento se descobre em seu fundo como prático e desejante, assim também o sujeito prático se reconhece, no coração mesmo de sua autonomia, como sujeito de sentimento. Se o sentimento é duplo, sentimento de prazer *e* de desprazer, traduzindo, ao mesmo tempo, uma expansão, uma atividade, e uma retração, uma passividade, é ele que pode estabelecer a articulação unitária da subjetividade. O sujeito do conhecimento, que é essencialmente passivo em sua interpretação dos fenômenos, e o sujeito prático, que age por liberdade, são um só e mesmo sujeito no sentimento que os reúne. A invenção filosófica da *Crítica do juízo* consiste na reflexão sobre as análises anteriores e no esforço de recordação do pensamento.

O objetivo de Kant é, ao mesmo tempo, acabar sua revisão dos poderes de conhecimento, articulando de maneira sistemática os domínios da natureza e da liberdade pelo viés da finalidade, e reunificar o próprio sujeito, que parece disperso em suas diferentes funções. A esse título, esse objetivo diz respeito à subjetividade e sua reflexão, que se manifesta por si mesma na experiência do prazer estético, uma vez que não está mais investida de um interesse de conhecimento ou de ação. O sentimento permite pensar uma tal subjetividade sensível, irredutível ao entendimento sozinho ou à razão prática sozinha. Mas, para considerar uma "crítica do sentimento", Kant precisaria mostrar a possibilidade de ter um sentimento puro nesse caso e, portanto, uma legalidade também *a priori*.

O sentimento estético dá ocasião ao sujeito de experimentar a si mesmo, de se relacionar consigo mesmo sem passar por uma representação que faria do *moi* (eu) sentido um objeto: a relação consigo mesmo escapa tanto ao conhecimento de si como à ação sobre si imposta pelo dever. Ele pode assim, sem recair na divisão entre *"je"* ("eu") e *"moi"* ("mim") apreender-se *a priori* como sensibilidade no prazer ou desprazer sentidos. Kant afirma, desde a introdução dessa obra, que aqui não se trata mais diretamente de conhecimento:

> O elemento subjetivo que, em uma representação, não pode se tornar uma parte do conhecimento é o prazer e o desprazer que estão ligados nela; pois não conheço por eles nada do objeto da representação, ainda que eles possam ser o efeito de algum conhecimento. (V, 189)

Na experiência estética, Kant encontra o lugar de uma reflexão do sujeito sensível sobre si mesmo, separado de qualquer relação com o objeto, enquanto as perspectivas ligadas ao conhecimento ou à ação interditam a elas mesmas um retorno desse tipo. O sentimento de prazer (ou de desprazer) estético, não fazendo nada mais além de produzir o jogo das faculdades entre elas (o entendimento e a imaginação), dá ao sujeito a ocasião única de se relacionar consigo mesmo de um modo ao mesmo tempo sensível e não empírico.

Kant distingue duas modalidades do sentimento estético: o belo e o sublime. O sentimento do belo suscita um prazer puro que exprime a harmonia que o sujeito sente entre o jogo de suas faculdades e a forma apreendida. As faculdades operantes são as mesmas de quando se trata de conhecer, a saber, o entendimento e a imaginação, mas sua relação não é mais determinada pelo objetivo de uma síntese conceitual. Essa relação é, ao contrário, livre, dando a experiência de um acordo espontâneo na ausência de um juízo determinante, que Kant designa como "um esquematismo sem conceito". O prazer nasce de uma harmonia gratuita que se apresenta por si mesma, sem ser solicitada. Introduzindo aqui o conceito de "jogo" das faculdades na análise do prazer estético, Kant inaugura uma compreensão da atividade artística que será decisiva tanto para a antropologia da arte como para a prática da arte moderna. A arte pode, então, se tornar o terreno da experiência da subjetividade, como o desenvolvimento do romantismo no século XIX e as vanguardas estéticas do século XX.

O sentimento do sublime, por sua vez, nasce da experiência de uma distorção, de um excesso, que pode ser puramente quantitativo (as pirâmides são sublimes porque elas esmagam o olhar) ou *dinâmico*, jogando com a força: a tragédia grega é sublime porque o herói, por exemplo Prometeu, se defronta com potências que o lançam por terra, dando mostras, por sua resistência e seu desafio, de uma coragem impressionante. Mas como um sentimento assim pode ser puro? Kant explica que temos a experiência de uma desproporção entre a ameaça física representada, diante da qual o sujeito experimenta sua fragilidade, e a consciência que temos de nossa capacidade de fazer frente a isso, em virtude de nossa destinação moral, em relação à qual os perigos físicos nada são. Recolhemos um prazer estético (puramente subjetivo) da oposição, em nós, da representação de um perigo apavorante e da confiança em nossa liberdade. Nossa destinação moral nos aparece ainda mais elevada quando contrastada com a precariedade de nossa existência física. De um desagrado nasce, assim, um prazer ainda maior que a harmonia; um bom *thriller* é, às vezes, preferível a uma comédia romântica – em relação a nossa destinação moral, é claro.

Assim, no espetáculo belo ou sublime, o sujeito é afetado apenas pela forma da representação e não pela matéria sensível em si mesma: a natureza-morta diante de mim é bela não porque as maçãs parecem ser deliciosas e suscitam um apetite particular, mas enquanto representação, pelo jogo das formas que suscita um prazer. Esta é a primeira qualidade do juízo de gosto, tal como o define Kant: ele é desinteressado. Isso não quer dizer que o sentimento estético apareça apenas na indiferença completa em relação ao que pode suscitá-lo; significa apenas que o importante, nesse caso, não é o estatuto fictício ou real do espetáculo, mas unicamente seu efeito no sujeito.

Essa condição permite distinguir se se está em "regime estético" ou não. Ela é capital para apreender a "subjetividade". O desinteresse pode garantir apenas a universalidade de uma subjetividade que não é afetada pela particularidade dos objetos da intuição, mas unicamente por sua forma. Essa subjetividade é, assim, tocada por seu próprio jogo. O eu particular, o interesse egoísta ou as preferências de cada um, que ordinariamente se relacionam com a "subjetividade" no sentido da particularidade a mais contingente, desaparecem aqui em proveito da consideração exclusiva da forma e de sua ressonância nas faculdades da alma, imediatamente experimentada no sentimento. Nota-se como a estrutura do respeito, que afastava qualquer particularidade empírica para extrair um sentimento puro, pensada então como uma exceção, se transforma e se alarga a ponto de servir de interpretação, doravante, do conjunto da experiência estética.

Eis um exemplo notável de invenção conceitual. Kant construiu sua moral contra as facilidades do recurso ao sentimento, mas, ao mesmo tempo, reservando um lugar privilegiado ao respeito, sentimento negativo produzido pela supressão de sentimentos. Uma vez "experimentado" o conceito de um sentimento não patológico (e no entanto sensível), ele retoma essa estrutura para estendê-la a qualquer sentimento "estético". Essa extensão se torna possível pela particularidade do sentimento estético, que é a de colocar entre parênteses a matéria do fenômeno, já que é desinteressado. Reduzido ao jogo das formas de nossas faculdades, o espetáculo belo ou sublime não introduz a heteronomia no coração do sujeito, confirmando, ao contrário, sua autonomia.

Compreende-se igualmente por que não é exatamente a *obra de arte* enquanto tal que interessa a Kant (e por que, estritamente falando, não há *estética* kantiana na terceira *Crítica*), mas sim o *sujeito*, na medida em que tem livremente a experiência de si como subjetividade pura. À dispersão das sensações, Kant opõe a unidade do sentimento: o que se explicita como consciência de si na unidade do "eu penso" que acompanha toda representação do sujeito consciente já está pressuposto no sentimento.

No prazer, o sujeito sensível (todo prazer é sensível) toma consciência de um aumento de suas forças e da expansão da vida nele, enquanto o estado de dor é experimentado como uma mortificação, uma limitação da vida do sujeito. E se a vida é em si mesma empírica, tratando especificamente do sentimento no momento dos prazeres ou desprazeres puros que o sujeito tem diante de um espetáculo, Kant sugere a inscrição da subjetividade transcendental em uma vida singular corporal.

13. *Sentimento e reflexão*

O sujeito transcendental não é pensado como pairando acima das águas; na medida em que experimenta um sentimento estético ele é, ao mesmo tempo, puro e limitado. O sujeito de sentimento acolhe em seu seio as diferentes figuras da subjetividade, distintas pela necessidade da análise, e permite compreender sua correlação. Kant mostra como o sujeito é atividade e passividade, prática e teoria, porque reflete sua relação com a vida.

Um sujeito assim não está mais apenas em uma atitude de conhecimento, interpretando o diverso empírico e esquematizando-o em categorias universais sob o modo de um juízo de subsunção. Tampouco está imediatamente submetido à auto-imposição de uma lei moral como fundamento de seu agir. Ele é sem dúvida tudo isso, mas sabe manter também uma relação consigo ao mesmo tempo sensível e universal. O exercício da razão está situado. É por isso que se dá, antes de tudo, sob a forma do juízo. É o juízo que pode articular a teoria à prática (VIII, 275).

Esse juízo situado não está sempre em estado de se relacionar com o mundo sob o modo da objetivação e do conhecimento: ele está rodeado por particulares, por acontecimentos singulares e espetáculos originais, dos quais o sentido não está de antemão determinado. Ao contrário, sua inteligibilidade depende da invenção de uma regra que não está dada. Trata-se, então, de simples reflexão, e não mais de conhecimento, mas este é necessário para se orientar. A situação do homem no mundo, da qual o filósofo não pretende se excetuar, o submete freqüentemente à urgência da tomada de decisões com "desconhecimento de causa". Nem sempre é possível esperar reunir todos os elementos para formar um juízo definitivo; estamos de fato determinados ao provisório e à previsão. A antecipação de novas respostas a situações inéditas faz parte do exercício da razão como arte do juízo. No momento em que expõe sua concepção da subjetividade de sentimento, Kant completa igualmente sua teoria do juízo explicitando a modalidade do juízo reflexionante.

A descoberta do juízo reflexionante é solidária à da subjetividade de sentimento. Assim como o sentimento recoloca o "sujeito transcendental" em sua finitude, o juízo reflexionante é como a inversão do juízo determinante. A individuação da subjetividade transcendental, por ocasião do juízo estético, liberta a empresa kantiana de uma auto-ilusão, da qual os filósofos não estão sempre isentos. Se a ilusão transcendental é o esquecimento da operação do sujeito na constituição do conhecimento, a *Crítica* se dá, em seu terceiro momento, os meios de pensar o ponto de vista de acordo com o qual ela é escrita.

O percurso transcendental parte de uma objetividade dada, como o saber em um de seus estados (a ciência newtoniana) ou as máximas comuns da moral, para se interrogar sobre sua condição de possibilidade e estatuir, assim, sua legitimidade. Mesmo que o juízo em ação no conhecimento e na ação seja *determinante*, aplicando um conceito do entendimento puro a uma intuição sensível, é sempre ao termo de uma reflexão sobre um dado que, pelo retorno a suas condições, sua dedução é estabelecida. É apenas na terceira *Crítica* que Kant encontra um modo de juízo para o qual não é mais esse o caso. O juízo reflexionante opera na ausência da possibilidade de uma dedução, "como se" esta fosse, entretanto, possível. Essa antecipação da racionalidade do juízo permite não apenas tematizar o domínio estético ou o domínio político, mas também considerar a constituição do próprio método crítico.

A finitude do sujeito e o juízo estão estreitamente ligados em uma reflexão que estabelece o ponto de vista do discurso filosófico – precisamente um *ponto de vista*, situado e particular, que exclui a fala "em nome do absoluto" do filósofo, como será o caso de Hegel e, de maneira geral, de uma tradição racionalista muito pouco atenta às condições de enunciação de seu discurso. A limitação de seu próprio horizonte histórico é pressuposta pelo percurso kantiano, o que não impede que ele também tenha, às vezes, sucumbido aos preconceitos de seu tempo. Mas sua análise da "ilusão transcendental" nos dá justamente os meios de prolongar seu gesto crítico.

Além dos espetáculos próprios para suscitar um sentimento de prazer estético, espetáculos que remetem a uma particularidade cujo efeito é retomado no sujeito sob um modo universal, Kant considera também uma extensão do conhecimento sob o modo do juízo de reflexão: o conhecimento do ser vivo e, em particular, dos organismos que gozam de uma forma de autonomia na medida em que podem se mover e representam fenômenos naturais que frustram a abordagem puramente mecanicista, já que formam uma totalidade aparentemente irredutível à composição das partes que a constituem.

Esse domínio do ser vivo, abordado na segunda parte da *Crítica do juízo*, assim como a apreciação dos fenômenos históricos, é suscetível de uma abordagem racional mas não categórica, ou seja, de uma compreensão em termos de finalidade. Trata-se, em cada um dos casos, da reflexão sobre as formas singulares. O particular é interrogado pela perspectiva dos fins da razão humana.

Ao provar a beleza, o sujeito prova o prazer de uma finalidade sem fim, de uma harmonia gratuita que as belas formas lhe propõem e que correspondem nele ao jogo de suas faculdades (entendimento e imaginação). Diante das formas vivas, o espectador decifra as redes de finalidade. Diante do acontecimento histórico, o sujeito é espectador e busca discernir a significação daquele: um acontecimento histórico tem sentido para a razão? Qual é o sentido da Revolução Francesa, por exemplo?[11] Ou, ainda, o livro tido como sagrado, a Bíblia, faz eco com a razão em seu aspecto prático e de que maneira? Nesse caso, Kant tem interesse nos encontros entre a narrativa tradicional e a legislação da razão. Na medida em que a razão prática "se encontra" de alguma maneira nos preceitos bíblicos e que as histórias das Escrituras podem receber uma significação para a razão prática, uma forma de interpretação é possível sem sucumbir à heteronomia, sem retomar uma concepção tradicional da autoridade do texto sagrado. É a partir das concordâncias entre o que faz sentido para o filósofo e o que narram as Escrituras que Kant esboça uma filosofia da religião "nos limites da simples razão".

A filosofia crítica exerce seu juízo nas diferentes dimensões que evocamos: ela conhece, age, e se conhece agindo e contemplando; ela tem prazer em um espetáculo e se reconhece nesse puro prazer que se anuncia como

---

11. Kant reprova politicamente o "direito de resistência" da tradição liberal (direito que se encontra, por exemplo, em Locke), que contesta a autoridade instituída, por causa de sua preocupação com a coerência da doutrina (por não se colocar uma autoridade que logo seria preciso contestar), mas, na ocasião da Revolução Francesa, saudou a emergência de uma aspiração à liberdade e sobretudo o *entusiasmo* que aquela suscitava em todo o mundo. A "revolução" em si mesma, como ato de violência, vai de encontro à paz civil e não pode ser aprovada; mas o fato de ser aclamada na opinião pública européia testemunha um interesse pela justiça que traduz uma disposição moral notável. Que um acontecimento histórico seja tomado como signo de um progresso da liberdade, mesmo que não seja possível se assegurar contra as violências, testemunha por si mesmo o progresso da consciência da liberdade (ver *O conflito das faculdades*, II, §§ 5-6).

comunicável. Esse sentimento lhe confirma sua finitude, mas, ao mesmo tempo, lembra seu pertencimento a uma comunidade de juízo. O horizonte da humanidade se reflete nela. No juízo de reflexão, é a postulação de um *senso comum*, com o qual já nos deparamos (na seção "A razão como senso comum"), que legitima a pretensão à universalidade mesmo que se tratem sempre de juízos singulares. O senso comum pressupõe, de fato, a comunicabilidade do juízo singular: ele é singular, mas remete à comunidade humana de que faz parte o filósofo (*Crítica do juízo*, §§ 39-40). Enquanto o juízo de conhecimento identifica o sujeito com o universal e o juízo prático o submete categoricamente ao imperativo, o juízo reflexionante toma o sujeito à altura do homem, já que se relaciona a singularidades, ligadas à vida, à história, à cultura ou, ainda, à comunidade.

A variedade de modalidades do juízo reflete a diversidade das situações com as quais o sujeito se defronta. Relacionando sempre o uso da razão à dimensão do juízo, Kant indica que não temos jamais relações com pensamentos absolutos, mas que todos os conceitos são tomados em uma relação particular. Um ato da mente coloca-os na situação de uma perspectiva específica que lhes dá sentido. O pensamento está ligado à experiência, é por isso que ele se relaciona ao juízo. Se o conhecimento pode indubitavelmente se apoiar sobre nossa atividade sintética *a priori*, nossas outras operações, a partir do momento em que se relacionam com singularidades, são consagradas a sínteses e construções provisórias. Nós só sabemos alguma coisa se pudermos fazer, por nossa conta, um juízo sobre ela; não somos absolutamente capazes de determinar um fim para nossa atividade judicativa, uma vez que estamos presos a uma perspectiva temporal que exige ser continuamente corrigida. Assim, se devemos permanecer no juízo e em sua efetivação singular, é porque não nos é dado delegar o pensamento a um formalismo (pois seria desde logo um pensamento sem horizonte, ilimitado e, portanto, vazio) ou a uma lógica geral – uma opção que um filósofo é bastante naturalmente levado a querer: Leibniz e Hegel, antes e depois de Kant, acreditaram poder segui-la, mas Kant não poderia concordar com isso.

Se, além disso, o pensamento só existe em um *juízo*, é porque ele é indissociável da *subjetividade*. E esta, que não é inteiramente no "sujeito" nem preferencialmente no "objeto", é inseparável da *fenomenalidade*. Em certo sentido, o problema estava claramente posto desde o início: a "Estética transcendental" não dizia outra coisa e pode-se ter a impressão de que Kant ocupou-se essencialmente em extrair as conseqüências disso. Foram necessárias três *Críticas* e a dificuldade subsiste. Pois, pensando a subjetividade facilmente como fenomenalidade, tornar-se-ia difícil fazer que aparecesse a própria subjetividade – pela qual tudo aparece. Seria preciso para isso elaborar por si mesma toda a dimensão da reflexão, articular o sentimento ao juízo para alcançar uma "auto-reflexão" do percurso. Preocupando-se em pensar reflexivamente as condições de seu discurso, Kant exortava decididamente a filosofia a um reconhecimento de sua limitação constitutiva. O filósofo, depois dele, não apenas deve explicar as coisas e os seres, deve igualmente estar em condições de prestar contas de seu próprio discurso. A *subjetividade* remete, pois, a sua *responsabilidade*.

Conclusão
Um pensamento crítico

Um pensamento que pensa a si mesmo até em sua imperfeição constitutiva: assim poderia ser um pensamento verdadeiramente *crítico*, assim poderia ser, enfim, o pensamento kantiano. Pois, levando em conta as aparências, a bagagem intelectual da qual ele era herdeiro, o estado dos conhecimentos e as circunstâncias históricas, se nos detivermos no que Kant faz no domínio do pensamento, reteremos essa forma de ascese pela qual um pensamento luta contra suas próprias armadilhas.

Eis por que a empresa de uma "crítica da razão" foi notável, sobretudo em um século em que se começava a substituir a crença nas autoridades tradicionais por uma outra crença, talvez ainda mais forte por ser crença *na razão*. Estamos em condições de sublinhar que Kant logo restaurou – ainda que sob o modo hipotético – aquilo de que acabava de suspeitar. Pode-se falar longamente sobre suas prudências, suas reticências, suas intenções implícitas, imaginá-lo mais subversivo ou mais conservador do que ele foi. Se alguma coisa resiste a tudo isso, é exatamente o sentido das questões que o animaram toda a sua vida.

Refazendo as grandes linhas da empresa da crítica do conhecimento, medimos a amplitude dos deslocamentos provocados nos conceitos, e quão grande era o risco de retomar posições "ingênuas" ao mesmo tempo em que era natural, e mesmo inevitável, que isto acontecesse. Nem todo pensamento é indubitável e forçosamente "crítico". Pode-se preferir apoiar-se em hipóteses fortes e seguir a partir delas construindo todas as etapas de seu progresso; ou então se instalar no conforto interpretativo, sob as asas das grandes figuras da tradição filosófica. Mas quando o pensamento experimentou o gosto da crítica, quando aprendeu a arte da reflexão, é difícil para ele renunciar a isso.

Positivamente Kant introduz na paisagem filosófica um personagem estranho, inapreensível e onipresente ao mesmo tempo: o sujeito. Se ele é neste ponto inapreensível, embora motor do conjunto, talvez seja porque é, sob a forma conceitual mais fugaz, ao mesmo tempo grande descoberta de Kant (de acordo com as célebres palavras de Fichte) e aquilo que ele sempre buscou... mas essa navegação que nos levou para longe do porto – para bem longe de Königsberg! – não nos leva até ele?

1. O retorno a si

A *Crítica do juízo* elabora uma teoria do juízo reflexionante: diferentemente do juízo determinante que subsume o particular ao universal dado, o juízo reflexionante procede a partir do próprio singular. Partindo de um caso dado, como a percepção de uma forma, trata-se de refletir sobre uma regra possível de sua inteligibilidade. A regra deve ser inventada para produzir o horizonte de compreensão do caso particular. A afirmação de um sistema da natureza submetido à legislação do entendimento não é de maneira nenhuma posta em questão, mas seu estado reflexivo lembra as condições antropológicas de constituição. O sujeito de sentimento é o lugar da reflexão como juízo a partir de um dado e sobre um dado. É ele que permite compreender como a Crítica mesma é possível ao explicitar o ponto de vista a partir do qual ela pode ser enunciada.

Longe de rebater a subjetividade na objetividade, Kant pensou seus caracteres transcendentais e individuais. A *Crítica do juízo* prepara o terreno para uma antropologia a partir do interior do sistema crítico. Examinando uma faculdade superior de sentir, ela coloca a filosofia no caminho de uma reintegração da antropologia que não poderia intervir no nível dos fundamentos. O ponto de vista antropológico, que está excluído da investigação transcendental, não deixa de ser também o que a anima e lhe confere uma direção determinada.

A *Crítica* preparou o discurso da antropologia pragmática e foi eclipsada por ele. Mas não existe exatamente antropologia *pragmática* em sentido kantiano a não ser que a liberdade tenha sido legitimada em sua possibilidade e em sua necessidade para o ser moral. Por essa ascese em vista do rebaixamento das ilusões que a razão produz por si própria, Kant permaneceu afastado do desenvolvimento autônomo de um sistema da razão. Assim, a navegação de volta à *Crítica* conduz à pura funcionalidade lógica do "Eu transcendental" nos limites da experiência: ela dá sentido à empresa antropológica, e não o inverso.

A filosofia nos desviou de nossas certezas mais firmes, das evidências mais admitidas, ela colocou tudo em dúvida e destruiu tudo; depois, ela restituiu-nos este mundo que tinha tirado de nós. A *crítica* foi severa, o embate com as ilusões se deu sem concessões, mas foram antes de tudo as concepções abusivas da razão que mais custaram ao exame. Não estava entre os objetivos de Kant suprimir tudo ou tudo substituir. Determinados leitores podem ter se decepcionado: sob o modo de uma fé prática, Kant reintroduziu Deus e a imortalidade da alma. É se enganar em relação ao objeto. Uma filosofia do sujeito e do juízo se preocupa antes de tudo com o modo de assentimento, as condições de possibilidade de um discurso sobre as coisas, as armadilhas que a razão cria por si mesma. É primeiramente esse retorno a nós mesmos, esse gesto simplesmente socrático, que Kant, por meio de todo o refinamento de suas análises, quis lembrar.

2. Filosofia e antropologia

A filosofia kantiana conjuga dois modelos de pensamento que podem parecer concorrentes: o primeiro é *universalista*, pode ser chamado de "modelo transcendental" e dá conta da possibilidade do conhecimento a partir das estruturas universais da razão; o segundo é *antropológico*, e abre as portas a uma "antropologia filosófica", a saber, uma interpretação das exteriorizações humanas que parte de sua singularidade.

Kant ensinou antropologia[1] durante anos. Suas lições expunham, de um ponto de vista concreto e freqüentemente anedótico, as análises de diferentes faculdades da mente humana, das quais elaborava o sistema puro em suas *Críticas*. As duas empresas seguiram seus cursos paralelamente, cruzando-se de vez em quando ou, ao contrário, divergindo fortemente, de acordo com as inflexões da reflexão. A questão da articulação dessas duas opções não é evidente.

Com efeito, a filosofia transcendental mantém, à sua maneira, o primado – reconhecido pela tradição filosófica dominante que pode ser qualificada, para simplificar, de "platônica" – do universal e da razão: as categorias e o sujeito transcendental seriam a versão "crítica" disso.

---

1. Além da publicação, em 1798, de um resumo condensado desses cursos por um de seus alunos, Rink, dispomos há não muito tempo da edição de outros cursos dados a partir de 1772, graças ao trabalho de R. Brandt e W. Starck, os editores da edição da Academia, cujo volume XXV, consagrado aos cursos de antropologia, foi publicado em 1997.

A razão compreende a si mesma como universal e idêntica a si. Um bom número de filósofos que se inspiraram em Kant acreditaram poder lê-lo dessa maneira: o método transcendental permitiria, contra os assaltos do relativismo empirista e cético, a enérgica reafirmação da universalidade da razão. É assim que os representantes do que chamamos de "idealismo alemão", a saber, Fichte, o jovem Schelling e sobretudo Hegel, compreenderam o papel do kantismo. Eles buscaram completá-lo desenvolvendo um sistema do absoluto, um conhecimento integral do ser pela razão. A abordagem antropológica, por outro lado, parece implicar uma renúncia ao horizonte universalista da razão. A atenção aos fatos poderia levar a uma dispersão na contingência das situações particulares e à perda de critérios do juízo. Diante da diversidade empírica indefinida das maneiras de ser homem, o filósofo poderia renunciar a extrair as estruturas necessárias. Essa abordagem encontra um prolongamento nas diferentes filosofias da vida, da existência ou da interpretação que se desenvolveram, depois da morte de Hegel, traduzindo o recôndito das ambições universalistas: Nietzsche, Dilthey[2] ou Heidegger, na medida em que eles todos privilegiaram a singularidade irredutível de um indivíduo (corpo, vivente, "existente" ou "*Dasein*"), exemplificam essa possibilidade. O universal é encarado como uma abstração que falseia a perspectiva singular e concreta da existência.

A filosofia kantiana, em particular a *Crítica do juízo*, ao mesmo tempo em que mantém a questão do homem,

---

2. Wilhelm Dilthey (1833-1911) buscou elaborar os fundamentos antropológicos e hermenêuticos das "ciências do espírito", que correspondem a nossas "ciências humanas", inaugurando assim um importante campo de pesquisa para a filosofia do século XX. A síntese de seu pensamento da maturidade está contida em *A edificação do mundo histórico* (1910), tradução francesa de S. Mesure, Paris, Cerf, 1989.

como já vimos ("As quatro questões da filosofia", p. 103-6) fora do percurso "crítico", fornece indicações preciosas para manter juntas essas duas exigências que parecem incompatíveis: a razão e a singularidade. O ponto de vista da reflexão, com efeito, coloca a razão *em perspectiva*, precisamente *na perspectiva do senso comum*. Os conhecimentos e as ações dependem, sem dúvida, de um juízo *categórico*, mas o lugar do próprio juízo, a subjetividade de sentimento, é apreendido também como particularidade; além disso, ela apreende o mundo das *formas* (belas ou vivas) como singularidades que remetem indiretamente a um horizonte universal do juízo em comum. É significativo que seja na *Crítica do juízo* que Kant apresente as "máximas do senso comum", as quais ele expõe igualmente em seus cursos de lógica e de antropologia; ele sublinha, assim, o papel desse texto na articulação entre o questionamento transcendental das *Críticas* e a exploração do domínio empírico e pragmático. É exatamente nessa "crítica de segundo grau" ou "crítica da crítica" (uma vez que ela modifica sensivelmente a perspectiva adotada nas duas primeiras *Críticas*) que Kant inaugura uma via para sair das aporias em que se aprisionou uma boa parte da filosofia moderna, incapaz de pensar ao mesmo tempo as exigências normativas (o nível do direito e da razão) e a preocupação com a existência singular (a "facticidade" da existência).

Fazer dele o apóstolo da razão universal é negligenciar as possibilidades de ultrapassagem contidas na terceira *Crítica*; ora, o desejo de remeter o questionamento filosófico à questão "o que é o homem?" é exatamente o que atrai a empresa kantiana. Assim como a figura do "sujeito" vai se tornando mais complexa à medida que são abordados os diferentes domínios em que ela intervém, de sorte que o sujeito "ganha corpo" progressivamente, assim também é possível reconsiderar o conjunto da empresa crítica a partir da perspectiva reflexionante que ela desenvolve. As análises da "consciência de si" e do "eu penso" contidas na *Crítica da razão pura* ficam incompletas se não se levar em conta os esforços para analisar o ser do sujeito: Kant propõe uma análise transcendental com o sujeito de sentimento e uma descrição empírica na antropologia. Sublinhando o liame – certamente implícito – entre o sujeito de sentimento e "o homem da antropologia" é possível seguir Kant em sua preocupação com um retorno ao empírico, ao mundo concreto, do qual o distanciamento operado sobretudo pelo juízo crítico permitiu uma maior compreensão.

A questão do encontro entre os pontos de vista transcendental e empírico, questão que preocupará a filosofia ulterior, é indicada por Kant como uma daquelas que é preciso colocar. Seus últimos trabalhos, inacabados, abordaram diferentes possibilidades de pensar uma "transição" entre essas duas ordens, assim como os numerosos escritos curtos sobre temas de história, de antropologia ou de política que ele redigiu paralelamente e sobretudo depois de sua obra crítica. Se podemos ver com reservas a capacidade de Kant de considerar verdadeiramente a sério a dimensão histórica da existência humana, como mostra em parte sua incompreensão dos trabalhos (é verdade que, na maioria, desordenados) de Herder[3], pode-se entretanto reconhecer nele uma preocupação constante em pensar o mundo em seus aspectos mais contingentes, como atestam suas múltiplas intervenções em revistas de seu tempo (na maioria, as gazetas da *Aufklärung* berlinense).

---

3. J. G. Herder (1744-1803), um dos precursores do pensamento da história, contribuiu muito para chamar a atenção sobre as particularidades dos povos, das épocas e das línguas, redescobrindo em parte a cultura popular e oral; por estes temas, ele foi um dos inspiradores do romantismo europeu. Kant fez um comentário muito severo de suas *Idéias sobre a filosofia da história da humanidade*.

A filosofia das três *Críticas* consiste em uma análise da *mente* humana; a antropologia, em uma interpretação da *natureza humana* segundo suas exteriorizações, interpretação essa que se apóia nos diferentes saberes do homem então disponíveis: fisiologia e psicologia, economia e caracterologia – a geografia e as narrativas de viagem também são uma importante fonte para Kant. Entre essas duas abordagens da realidade humana, ele se recusa a operar uma "dedução", uma vez que toda a sua filosofia se rebela contra a idéia mesma de uma passagem do conceito à existência. As últimas reflexões de Kant, contidas nos cadernos de notas publicados após sua morte (a *Opus postumum*), abordam a questão, em continuidade com a terceira *Crítica*, do correlato corporal do pensamento e da possibilidade de uma "transição" da mente à natureza. Sem identificá-los, Kant reconhece seu acordo íntimo, sua correspondência e sua afinidade: o estudo das manifestações culturais do homem acompanha a elaboração de uma filosofia transcendental sem se confundir com ela.

A antropologia completa a filosofia transcendental rumando para uma *filosofia do mundo*, aberta à história e à cultura, à religião e à política. Essa filosofia do mundo deve ser compreendida ao mesmo tempo no sentido de "não escolar", popular, não reservada aos especialistas, e como uma filosofia que concerne a todo homem enquanto "cidadão do mundo", membro de uma mesma comunidade de sentido e de juízo. Nela o homem pensa a si mesmo em sua relação com a comunidade que habita a Terra no interior de relações regradas pela razão. Ao detalhar as condições a serem reunidas para garantir uma paz durável entre os homens, Kant precisou bem que um tal "direito cosmopolita", concernindo a todo homem, para ser efetivo deveria restringir-se às "condições da *hospitalidade* universal" (VIII, 357). Não se trata de uma unificação forçada do mundo, que seria submetido às leis da reflexão filosófica, mas da liberdade universal da reflexão a ser aceita e bem acolhida em toda parte, sem que, por isso, toda parte esteja nela – o mundo guarda sua diversidade.

3. *Uma arte de julgar*

Apresentando antes o movimento geral de seu pensamento que a lista de seus escritos, a construção de seu sistema ou seu desenvolvimento cronológico, quisemos ressaltar o que faz que Kant permaneça sendo um nosso contemporâneo. Outros aspectos de sua obra são certamente fascinantes e continuam a estimular nossa reflexão, particularmente seu pensamento político. Ele sabe nos interessar mesmo quando sua proposta é manifestamente limitada pelos conhecimentos ou pelos preconceitos de seu tempo. Mais freqüentemente ele ainda fala a nós e continua a nos incitar, como com seu "projeto de paz perpétua". Redigido por ocasião da paz da Basiléia em 1795, entre a jovem República francesa e a Prússia, de onde Kant era originário, o projeto se insere em uma problemática definida pela época: como pensar conjuntamente razão e revolução? O sentido geral da resposta de Kant está na articulação da razão, da república e da paz, todas se ajudando mutuamente. Esse texto inspirou as tentativas de regulamentar o direito internacional, do esboço de uma "Sociedade das Nações" à "Organização das Nações Unidas".[4] Essas realizações mostram bem como não se trata de utopias, mas de projetos políticos, que

---

4. Em 1995, na ocasião do bicentenário desse texto, numerosas publicações elogiaram sua atualidade insistindo sobre a problemática do direito internacional (J. Habermas, O. Höffe, V. Gerhard) ou sublinhando a riqueza de suas análises sobre o direito cosmopolita e sobre a importância da "regra de hospitalidade" para as políticas contemporâneas da imigração (P. Ricoeur, J. Derrida).

podem ser levados a êxito independentemente da virtude das partes engajadas, simplesmente sobre a base do interesse comum a cada uma.

Mas, para além dessas incitações cuja sorte é deixada à conduta efetiva da política internacional, um projeto como esse é, em si mesmo, altamente significativo da maneira propriamente kantiana de filosofar. Pois, o que é *pensar* para Kant senão buscar explicitar as regras que vigoram em nossas práticas? É exatamente o contrário de codificar ao bel-prazer: trata-se unicamente de apreender as condições de funcionamento de um uso, de voltar reflexivamente às causas dos bloqueios que freqüentemente acontecem na prática (entre os quais as guerras são apenas exemplificações em grande escala), de *compreender a razão dos conflitos*. A empresa kantiana não parte de uma constatação angustiada das incessantes querelas entre as escolas filosóficas? Não se trata de pôr um fim nisso, o que só poderia ser produzido pelo reconhecimento do direito restritivo de cada partido?

A aposta política de uma reflexão sobre as condições de uma paz durável, à sua maneira, exprime bem o objetivo kantiano mais sincero. Uma paz assim não pressupõe uma fuga utópica para um Estado internacional ideal, mesmo que Kant – mais freqüentemente irônico do que se supõe – fale algumas vezes de um "devaneio" sobre esse tema. Ela leva em conta, ao contrário, a diversidade das vontades políticas expressas nos Estados e não pretende assimilar os antagonismos artificialmente. Trata-se sobretudo de mostrar que a idéia de um "direito de guerra" é em si mesma contraditória, uma vez que o direito se define como o que torna possível a paz e não a guerra. Na evocação de um tal "direito" é preciso ver a homenagem obrigatória das políticas da potência ao *direito*, a saber, ao reconhecimento mútuo dos direitos e dos deveres recíprocos, tanto entre os Estados como entre os particulares.

O socorro da afirmação progressiva de um tal direito é a *publicidade*, a difusão da idéia de liberdade e a possibilidade da crítica, que tornam obrigatória uma legitimação e repelem o arbitrário. O trabalho da razão consiste não somente em identificar as regras que regem nossas atividades, mas também em explicitá-las, para que se possa debater sobre elas. Essa possibilidade de um retorno reflexivo às próprias regras do debate remete ao que poderia ser designado como uma estrutura *democrática* da razão. A publicidade das regras constitui a objetividade delas: na medida mesma em que se pode argumentar a respeito delas e não apenas graças a elas, elas participam plenamente da constituição de uma comunidade de razão, da qual o direito cosmopolita é a tradução jurídica.

A guerra é rejeitada como expressão da violência, mas as motivações mudas dos conflitos devem ser levadas em conta pela razão na medida em que podem prevalecer como uma forma de legitimidade. Kant chega mesmo a interpretar a sucessão de guerras que marcaram a história como tendo favorecido o conhecimento mútuo dos homens e a consciência de sua unidade. A comunicação dos homens entre si através da guerra produz, assim, indiretamente seu reconhecimento recíproco. É um fenômeno que une a reflexão, o reconhecimento e a ordem do direito: três maneiras de colocar em jogo um juízo; três maneiras de exprimir o que é, para Kant, o gesto filosófico.

Como para lembrar que o objetivo da obra maior, a *Crítica da razão pura*, era propor um apaziguamento dos conflitos na filosofia, submetendo os partidos em oposição à obrigação de passar por regras e razões, Kant retoma, em um breve artigo pouco conhecido, publicado um ano depois de seu *Projeto de paz perpétua*, esse tema caro a seus olhos, com o qual podemos concluir nossa apresentação de sua filosofia:

A filosofia *crítica* é esta filosofia que não começa por *tentar* construir ou derrubar os sistemas, ou, simplesmente (como o moderantismo), por colocar um telhado sem casa sobre suportes para se colocar ao abrigo na ocasião; ela começa sua conquista a partir do exame do *poder* da razão humana (qualquer que seja seu desígnio) e, assim, não raciocina a torto e a direito quando se trata de filosofemas que nenhuma experiência possível pode comprovar. – Ora, há na razão humana alguma coisa que nenhuma experiência pode nos fazer conhecer e da qual, entretanto, a realidade e a verdade são provadas por efeitos que se apresentam na experiência e que, conseqüentemente, podem igualmente ser ordenados absolutamente (logo, segundo um princípio a *priori*). É o conceito de *liberdade* e a lei, que *provém* dele, do imperativo categórico, isto é, do imperativo que ordena absolutamente. – Graças a isso, as *Idéias*, que seriam totalmente vazias para a razão puramente especulativa, embora esta nos leve invariavelmente como que a princípios de conhecimento de nosso fim último, recebem uma realidade, ainda que seja apenas moral e prática: no caso trata-se de nos *conduzir* como se seus objetos (Deus e a imortalidade), que podem ser postulados desse ponto de vista (prático), fossem dados.

Essa filosofia é um estado constantemente armado (contra os que confundem injustamente os fenômenos e as coisas em si), estado que, precisamente porque está armado, acompanha constantemente a atividade da razão e abre uma perspectiva de paz eterna entre os filósofos, de um lado por causa da impotência das provas *teóricas* do contrário e, de outro lado, por causa da força das razões *práticas* que nos levam a admitir seus princípios; paz que, além disso, tem a vantagem de manter sempre despertas as forças do sujeito que os ataques expõem a um perigo aparente e, assim, tem a vantagem de favorecer, graças à filosofia, o desígnio da natureza, animando continuamente o sujeito e preservando-o do sono da morte. (VIII, 416)[5]

---

5. Kant, *Anúncio da próxima conclusão de um tratado de paz perpétua em filosofia* (1796), tradução francesa de F. Proust, in Kant, *Vers la paix perpétuelle* [*À paz perpétua*], Paris, GF, 1991, p. 138-9 (tradução modificada).

Apêndice
A memória kantiana na filosofia francesa (1945-2000)

Pós-guerra: a atualidade filosófica não se dirigia em absoluto a Kant. A vaga existencialista que dominava Saint-Germain-des-Prés estava completamente afastada dele. O divertimento depois das restrições não pode se legitimar de maneira kantiana. O contexto político e o enfrentamento dos blocos colocava – pensava-se – o marxismo como horizonte do pensamento, inclusive do pensamento filosófico. Essa perspectiva partilhada por muitos supunha que cada um fizesse sua a crítica hegeliana de Kant como "abstração": o método kantiano parecia exterior à "coisa", sua moral era formal e vazia. Essa geração não guardava de Kant senão um eco estilístico, como na *Crítica da razão dialética* de Jean-Paul Sartre (1969). É possível constatar uma incompatibilidade entre a inspiração marxista e o kantismo, pelo menos na França (pois na Alemanha, se isso é verdadeiro para a primeira Escola de Frankfurt de Adorno e Horkeimer, não se pode dizer o mesmo da segunda geração de Habermas e Apel, que retomam Kant fazendo ajustes). É possível encontrar esse distanciamento em Pierre Bourdieu, que parodia a *Crítica do juízo* em sua *La distinction. Critique sociale du jugement* [*A distinção. Crítica social do juízo*] (1979), em que busca demonstrar como o que aparece como o mais "subjetivo" e impalpável, a saber, o juízo de gosto, é, como qualquer outro fato da sociedade, perfeitamente analisável e classificável em termos sociológicos. Ou, ainda mais recentemente, em *Razões práticas. Sobre a teoria da ação* (1994), no qual Bourdieu pretende pluralizar e concretizar essa "razão prática" que os filósofos, e antes de tudo Kant, teriam apresentado como bastante abstrata. Mas o confronto não ultrapassa, nesse registro, a homenagem irônica.

A reintrodução da referência kantiana nas filosofias de língua francesa foi provavelmente operada pelo viés da tradução de *Kant e o problema da metafísica* (publicado em 1929 e traduzido para o francês em 1953), que era, então, um dos primeiros textos de Heidegger acessível ao público francês. Assim, é por um estratagema bastante divertido da história que Kant voltou à França com nova roupagem – e voltou a ser citado (seus escritos sobre a história, traduzidos por Stéphane Piobetta, fuzilado durante a guerra pelos alemães por suas relações com a Resistência, por muito tempo continuaram a interessar apenas os curiosos... das fontes da filosofia da história de Hegel e, portanto, de Marx).[1] Revelando ao leitor que a imaginação kantiana poderia encerrar o abismo do tempo, Heidegger fornecia uma leitura do esquematismo transcendental que iria inspirar, de maneira forte ou não, numerosos pensadores dos anos 60/70, e, além disso, aqueles que são chamados às vezes de pensadores da "diferença", uma vez que de diferentes maneiras exploraram e desenvolveram o motivo primeiro da "diferença ontológica" heideggeriana. Pode-se, assim, lembrar J. Derrida e sua "*différance*", ou M. Foucault, sobre o qual é interessante observar que ele traduziu e consagrou um trabalho

---

1. Ver as precisas notações de V. Descombes sobre "a atualidade filosófica", *Philosophie par gros temps* [*Filosofia nos tempos grandiosos*], Paris, Minuit, 1989.

(que permaneceu inédito) à *Antropologia* kantiana; este último invoca no fim de *As palavras e as coisas* (1966) a idéia de um "transcendental histórico", sugerindo uma ultrapassagem do kantismo que retomaria parcialmente o método.

Na década de 1980 é sobretudo o tema do sublime, que marca a irrupção de uma distorção e de um desvio na representação, que retém a atenção dos comentadores. Uma certa inspiração heideggeriana é perceptível nesses trabalhos centrados na estética contemporânea, por um lado, e na reflexão política, por outro. A coletânea editada por Jean-Luc Nancy em 1988, *Du sublime* [*Do sublime*] (Paris, Belin), contém vários estudos que apresentam a beleza das concepções kantianas (estudos do próprio J.-L. Nancy, de Eliane Escoubas, de Philippe Lacoue-Labarthe e Jean-François Lyotard), através dos quais se põe a questão do "irrepresentável" ou da "impossibilidade de decidir de uma apresentação propriamente filosófica" (p. 196). Entre eles, é sem dúvida Jean-François Lyotard que operou com mais constância uma espécie de "retorno a Kant", paralelamente a suas explicações sobre a "condição pós-moderna". Para ele, o sublime, mas também o juízo, são operadores de ruptura: trata-se da dissociação das faculdades, cujo "jogo" aparece então como estranhamente "desregrado". Assim, o juízo "escava um abismo entre as partes", ele analisa o "debate" entre elas. As três *Críticas* kantianas são apreendidas não mais como fazendo parte de um conjunto sistemático, mas como se cada uma tivesse um regime próprio. Elas constituem um "arquipélago", são relativamente heterogêneas umas em relação às outras, à maneira dos "jogos de linguagem" de Wittgenstein. A publicação, em 1985, das atas de um colóquio ocorrido em Cerisy dedicado a J.-F. Lyotard com o título de *La faculté de juger* [*A faculdade de julgar*] (Paris, Minuit), sublinhava a importância da referência kantiana (continha, entre outras, contribuições de J. Derrida, J.-L. Nancy, Ph. Lacoue-Labarthe, V. Descombes). As preocupações estéticas e a questão política estão explicitamente ligadas nessas duas obras consagradas a Kant, *L'enthousiasme. La critique kantienne de l'histoire* [*O entusiasmo. A crítica kantiana da história*] (Paris, Galilée, 1986), e *Leçons sur l'analythique du sublime* [*Lições sobre a analítica do sublime*] (Paris, Galilée, 1990); mas pode-se dizer que o tema foi freqüentemente abordado no contexto das celebrações do Bicentenário da Revolução Francesa (chamemos a atenção, entre outros, para o livro de Marc Richir, *Du sublime en politique* [*Do sublime na política*], Paris, Payot, 1991).

Mas, enquanto esses textos tinham em comum escapar surpreendentemente à razão, enfraquecendo-a na apreensão sublime ou arrebatando-a no entusiasmo revolucionário (fornecendo uma imagem de Kant que às vezes o aproximava estranhamente dos *Schwärmer*, aqueles ilustrados que ele se empenhava em combater), a referência kantiana serviu igualmente, ao mesmo tempo, para a redescoberta do "Estado de direito" e da República. Tratava-se, no meio dos anos 1980, de romper com a referência ao marxismo e de enaltecer os valores do individualismo em um sentido liberal. A obra mais significativa dessa orientação é *La Pensée 68. Essai sur l'anti-humanisme contemporain* [*O pensamento 68. Ensaio sobre o anti-humanismo contemporâneo*] (Paris, Gallimard, 1985), de Luc Ferry e Alain Renaut, obra polêmica que denuncia, ao mesmo tempo, o pensamento estruturalista e as filosofias da diferença (Foucault, Derrida, Bourdieu, Lacan: os alvos escolhidos). Contra os "extravios" de uma geração, os autores defendiam um "retorno ao sujeito" (capítulo VII) que, em seu espírito, corresponde a um "retorno a Kant" (evocado em sua obra comum, *Système et critique* [*Sistema e crítica*], Bruxelas, Ousia, 1986, e no livro de A. Renaut, *L'ère de l'individu* [*A era do indivíduo*], Paris, Gallimard, 1989). Essa inspiração kantiana remonta, em parte, aos trabalhos de história da filosofia de Alexis Philonenko que, em meados dos anos 1960, tinha proposto uma leitura da terceira *Crítica* como iniciando uma "filosofia da intersubjetividade" (no prefácio de sua tradução publicada pela editora Vrin, em 1965).

Se a redescoberta do pensador político (que se deve sem dúvida muito às *Lições* de Hannah Arendt) está compreendida em um contexto marcado pelas comemorações da Revolução Francesa e pela nostalgia suscitada pela idéia (é verdade que sublime) de República, ela não deve nos fazer esquecer que o pensamento kantiano continua a alimentar a reflexão sobre o conhecimento. A estética transcendental se mantém como uma parceira freqüentemente evocada, por exemplo, nas pesquisas que discutem as ciências cognitivas (ver os trabalhos de Jean Petitot[2] ou de Jean-Michel Salanskis).[3] Além disso, o revigoramento do interesse pelo neokantismo, tal como se atesta, durante a década de 1990, pelas traduções e pelos comentários de obras importantes de Hermann Cohen, Paul Natorp e Ernst Cassirer, atesta a vitalidade do fundo teórico kantiano para debates cujos defensores e opositores necessariamente mudaram, e para os quais, entretanto,

---

2. Por exemplo, " A propos de la querelle du détérminisme. De la théorie de catastrophes à la *Critique de la faculté de juger*" ["Sobre a querela do determinismo. Da teoria das catástrofes à *Crítica do juízo*"], in *Traverses*, n. 24 (Géométrie du hasard [Geometria do acaso]), fevereiro de 1982, Minuit; e "Phénoménologie naturalisée et morphodynamique: la fonction cognitive du synthétique *a priori*" ["Fenomenologia naturalizada e morfodinâmica: a função cognitiva do sintético *a priori*"], in *Intellectica*, n. 17 (Philosophies et sciences cognitives [Filosofias e ciências cognitivas]), J.-M. Salanskis (Ed.), 1993.
3. Por exemplo, *L'Herméneutique formelle* [*A hermenêutica formal*], Paris, CNRS, 1991, e "L'Intuition dans la lecture heideggerienne de Kant" ["A intuição na leitura heideggeriana de Kant"] in *Le Temps du sens* [*O tempo do sentido*], Orléans, Hyx, 1997.

os textos kantianos não deixam de dar suas contribuições. Um crítico recente, a quem deixaremos aqui a palavra final, em uma ênfase calculada (uma vez que seu objetivo é mais revisar detidamente as obstruções kantianas), chega a escrever:

> Não há praticamente nenhum debate atual, daquele sobre os fundamentos da mecânica quântica àquele que diz respeito à questão da nacionalidade, passando pela discussão do utilitarismo ou do problema dos fundamentos da ética e da racionalidade, no qual não intervenha, de uma maneira ou de outra, a problemática e a conceitualização kantianas.[4]

---

4. A. Boyer, *Hors du temps. Un essai sur Kant* [*Fora do tempo. Um ensaio sobre Kant*], Paris, Vrin, 2001, p. 14.

Indicações bibliográficas

A edição alemã de referência

Gesammelte Schriften, edição da Academia, Berlim/Leipzig, a partir de 1902 (ainda em curso).

Kant em português

Analítica do Belo e "Da arte e do gênio" (excertos da *Crítica do juízo*). Trad. Rubens Rodrigues Torres Filho. In: *Kant* II. São Paulo: Abril Cultural, 1980. (Os pensadores)

O conflito das faculdades. Trad. Artur Morão. Lisboa: Edições 70.

Crítica da razão prática. Trad. Artur Morão. Lisboa: Edições 70.

Crítica da razão pura. Trad. Valério Rohden e Udo Baldur Moosburger. In: *Kant* I. São Paulo: Abril Cultural, 1980. (Os pensadores)

Fundamentação da metafísica dos costumes. Trad. Paulo Quintela. In: *Kant* II. São Paulo: Abril Cultural, 1980. (Os pensadores)

Introdução à Crítica do juízo. Trad. Rubens Rodrigues Torres Filho. In: *Kant* II. São Paulo: Abril Cultural, 1980. (Os pensadores)

Manual dos cursos de Lógica Geral. 2. ed. Trad. e apres. Fausto Castilho. Campinas/Uberlândia: Ed. da Unicamp/Edufu, 2003.

Observações sobre o sentimento do belo e do sublime e *Ensaio sobre as doenças mentais*. Trad. Vinícius de Figueiredo. Campinas: Papirus, 1993.
À paz perpétua. Trad. Marco A. Zingano. Porto Alegre/São Paulo: L&PM, 1989.
Prolegômenos. Trad. Tânia Maria Bernkopf. In: *Kant* II. São Paulo: Abril Cultural, 1980. (Os pensadores)
A religião dentro dos limites da simples razão. Trad. Tânia Maria Bernkopf. In: *Kant* II. São Paulo: Abril Cultural, 1980. (Os pensadores)
Textos seletos. Trad. Raimundo Vier e Floriano de Sousa Fernandes. Petrópolis: Vozes, 1974.

Comentários em português

LEBRUN, Gérard. *Kant e o fim da metafísica*. Trad. Carlos Alberto Ribeiro de Moura. São Paulo: Martins Fontes, 1993.
TORRES FILHO, Rubens Rodrigues. *Ensaios de filosofia ilustrada*. São Paulo: Brasiliense, 1987.
TERRA, Ricardo. *A política tensa*. São Paulo: Fapesp/Iluminuras, 1995.
_____. *Passagens. Estudos sobre a filosofia de Kant*. Rio de Janeiro: Editora UFRJ, 2003.